The Battle of the Voices

The Battle of the Voices

초판 1쇄 발행	2023년 11월 20일
초판 2쇄 발행	2023년 12월 26일

지 은 이	최요나
펴 낸 곳	엎드림출판사
등 록 번 호	제2021-000013호
주 소	17557 경기도 안성시 공도읍 심교길 24-5
발 행 처	엎드림출판사
전 화	010-6220-4331
편집디자인	이예람

© 2023. all rights reserved.

값 14,000원
ISBN 979-11-982828-4-2 03230

소리전쟁

The Battle of the Voices

최요나 지음

UP DREAM

천국의 소리에 영혼의 주파수를 맞추라

주 안에서 사랑하고 존귀하게 여기는 제자요 복음의 동역자인 최 요나 선교사님의 책을 추천하게 되어 참으로 자랑스럽고 기쁘게 생각한다. 독자들은 책을 펼치는 순간 저자의 탁월한 성경적 이해와 창의적 접근에 감탄을 느끼게 될 것이다. 창세기부터 계시록까지 인간 역사는 누구의 소리를 듣고 반응해 왔는지에 대한 역사라고 할 수 있다. 인간은 하나님의 음성에 반응하도록 창조되었고 그 소리에 순종할 때 가장 보람되고 행복하다.

그러나 인류의 조상 아담으로부터 오늘날까지 많은 사람은 하늘의 소리를 듣지 못하고 자아의 소리와 환경의 소리에 자신을 맡겼다. 결국, 그 소리는 인간을 구원한 소리가 아니라 파멸로 이끌어 간 소리가 되었다. 저자는 우리가 경계해야 할 소리와 우리가 관심을 쏟아야 할 소리를 씨줄과 날줄로 아름답게 태피스트리(tapestry)처럼 눈앞에 펼쳐 놓았다.

이 책은 성경의 스토리 뿐 아니라 오늘날 우리의 삶을 에워싸고 있는 실체를 날카롭게 관통하고 있다. 우리는 다양한 '소리 전쟁'을 통해 매 순간 귀를 기울이고 선택해야 할 것은 하나님의 소리라는 사실을 깨닫게 된다.

땅 위에서 하나님의 소리에 익숙한 사람은 언젠가 천국에 이르러 그토록 그리워했던 우리 주님의 음성을 들을 때 낯설지 않고 감동에 젖게 될 것이다. 그 영광의 날까지 들어야 할 소리에 귀를 기울이고 하늘 소리의 통로가 되기를 열망하는 독자들에게 필독을 권하며 강력히 추천한다.

류응렬 목사 / 와싱톤 중앙장로교회 담임목사, 고든 콘웰 신학대학원 객원교수

레갑의 후예들이여 일어나라

우리는 태어나서 지금까지 수많은 소리를 들으며 살아왔다. 내가 무엇을 보고 있는지 그리고 무엇을 듣고 있는지가 그 사람의 미래를 결정한다고 해도 과한 표현이 아니다. 더욱이 코로나 사태와 경제적인 어려움 속에서 우리는 매일 하나님의 소리를 들을 것인가? 아니면 세상의 소리를 들을 것인가? 사이에서 치열한 전쟁을 하고 있다. 이러한 시대에 최 요나 선교사님의 '소리 전쟁'은 세상의 소리에 얽매이지 않고 하나님의 소리를 올바로 듣고 순종하도록 놀라운 통찰력과 분별력을 주고 있다.

우리는 매일의 고통과 상처에 맞서며, 믿음의 길을 선택해야 한다. 그러나 저자는 이 책에 나오는 수많은 성경의 인물들이 왜 하나님의 소리를 듣지 못하고 자기 생각대로 살아가게 되었는지에 대한 근본적인 이유와 마음의 문제들을 살피며 오늘날 그리스도인들이 하나님의 소리를 듣도록 도전하며 해결책을 제시하고 있다. 우리 안에서 나오는 수많은 소리가 있다. 하나님께서 주시는 마음의 소리도 있지만, 깨어지지 않은 자아의 소리, 세상과 어두움에 속한 소리, 육신의 소리, 두려움의 소리, 그리고 타락한 자기 의와 탐욕에서 나오는 '소리 전쟁' 한복판에 우리는 서 있다.

이 책을 통해 하나님의 백성들이 세상의 소리에 귀를 닫고, 하나님의 소리를 듣고 다시 살아나 하나님의 영광 속으로 함께 나아가기를 소망한다. 치열한 '소리 전쟁' 가운데 하나님의 영광과 그분의 얼굴을 구하며 다시 오실 예수 그리스도의 길을 준비하는 여러분 모두가 바로 '레갑의 후예들'이다.

리키 김 선교사 / RightNow Media 대표

부흥의 세대여 일어나라

복음의 일꾼이요 하나님 나라 선교의 동역자인 사랑하는 최 요나 선교사님의 '소리 전쟁' 책을 추천하게 되어 너무나 기쁘게 생각한다. 우리는 이 세상을 살아가면서 수많은 소리를 듣는다. 그런데 이 세상에 속한 소리는 우리가 무엇을 먹고 마셔야 할지 매일 매일 걱정과 염려 그리고 의심의 불화살을 쏘며 천국 가는 길을 방해하는 소리이다. 이런 잡음들로 인해 천국의 소리를 듣지 못하고 방황하는 영혼들이 너무나 많다. 왜냐하면 이 세상에 속한 수많은 소리는 육신의 소리, 안목과 정욕의 소리 그리고 이 땅에서 자랑하고 싶은 소리기에 아버지의 사랑이 그 속에 없기 때문이다.

코로나 사태 이후에 한국 교회와 선교 현장은 참으로 어려운 시간을 보내고 있다. 이러한 때에 한국 교회와 사역자들이 다시금 회복해야 할 메시지가 있다면 그것은 하나님의 소리를 다시 듣는 일이다.

이 책을 통해 하나님의 사랑의 음성이 다시 들려오고, 구원의 감격이 살아나고, 주님과의 첫사랑이 회복되기를 소망한다. 죄 많은 이 세상이 내 집이 아님에도 불구하고 롯의 아내처럼 이 세상에 미련을 두고 기대하며 살도록 하는 것이 사단의 마지막 전략이다.

넘어지고, 실패하고, 아프고, 힘들어도 우리가 붙들어야 할 소리는 하나님의 음성이다.

치열한 '소리 전쟁' 가운데 피 흘리기까지 죄와 싸우며 하나님을 대적해서 높아진 모든 이론과 견고한 진을 무너뜨리는 강력한 부흥의 세대가 일어나기를 기대하며 기도한다. 하나님의 음성 듣기를 사모하는 모든 그리스도인에게 이 책을 강력히 추천한다.

임현수 목사 / 캐나다 큰빛 교회 원로목사, 선교사
GAP(세계 협력선교회), TMTC (글로벌 연합선교 훈련원) founder
(내가 누구를 두려워하리요 저자)

회복을 넘어 선교적 부흥으로

오늘날 우리는 매일 세상에서 수많은 소리를 듣고 살아간다. 인간은 많이 들은 것에 의해서 생각이 지배를 받고, 생각을 지배하고 있는 소리에 따라 삶의 방향이 결정된다. 오늘날 한국의 모든 TV 프로그램을 보면 '의, 식, 주' 문제에 집중되어 있음을 보게 된다.

이 바보상자에서 매일 보고, 듣는 소리에 사로잡힌 현대인들은 가장 본능적인 '먹고 사는 문제'에 얽매여 살아갈 수밖에 없다. 영어 표현에도 있는 것처럼 결국, 많이 먹은 것 즉 많이 입력된 소리가 이기게 된다(You are what feed on). 이러한 시대적 상황 가운데 최 요나 선교사님의 '소리 전쟁'은 우리 내면의 세계에 누가 진정한 주인이 되어야 할 것인지를 현장감 있게 그려내고 있다.

이 책은 입술로는 하나님을 주인으로 고백하지만, 마음은 하나님을 떠나 여전히 세상의 가치와 거짓의 소리에 귀를 기울이며 살아가는 오늘날 꼼수 신앙인과 사역자들을 향해 선지자적인 경종을 울리고 있다.
저자는 '소리 전쟁'을 통해 "하나님께 돌아오라"고 외치며 오늘도 이 시대의 거룩한 레갑의 후예를 찾으시는 하나님 앞에 참된 예배자로 회복되길 요청하고 있다.

이 책은 엔데믹 시대를 맞이하여 한국교회가 하나님의 음성을 듣고 신앙의 본질을 회복하여 선교적 부흥으로 나아가는 데 귀한 기폭제가 될 것이다. 이 책을 통해 모든 사역자들과 한국교회 성도들이 하나님의 음성을 듣길 간곡히 권한다.

조은태 목사 / 한국 오엠 대표

세상의 소리를 넘어 하나님의 소리를 선택하라

최 요나 선교사님은 2008년 선교 영어훈련을 받기 위해 MTI 선교훈련원에 가정이 입소했을 때 처음 만났다. 그때부터 지금까지 저자는 치열한 전쟁터와 같은 곳에서, 하나님의 소리를 듣기 위해 몸부림치며 항상 하나님을 마주하고, 다른 사람이 아닌 자신에게 하나님의 말씀을 선포하려고 애쓰는 선교사였다. 자신의 소리, 세상의 소리가 아닌 하나님의 소리를 듣고자 선택한 삶은 편안한 일상이 아닌 고난의 연속이었다.

이 책은 매일 매일 삶의 상처와 흠집으로 고통스러워하는 한 선교사가 죄성을 부인하고 적당히 살아가는 삶의 이야기를 하지 않는다. 오히려 하나님의 소리를 듣기 위해 자신의 마음을 찢고 벌거벗은 모습으로 하나님 말씀 앞에 서서, 듣고, 회개하는 일상 가운데 하나님의 열심으로 한 영혼을 성장시키시는 하나님의 영광을 보게 하는 놀라운 묵상이다.

저자는 우리가 존경하는 많은 성경의 인물들이 언제, 왜 하나님의 소리를 듣지 않게 되었는지 그들의 마음과 정황들을 살펴봄으로 오늘날 그리스도인들이 하나님의 소리를 듣지 못하는 이유를 쉽게 설명하며 도전하고 있다.
이 책은 우리의 죄성이 내는 소리들; 자아 중심성, 우리들의 지식, 두려움, 경험, 열정, 능력, 익숙함, 자기 의(self-righteousness), 그리고 탐욕 등이 끊임없이 우리를 유혹하고 핑계하며 하나님의 소리를 듣는 것에서 이탈하게 하는 것을 보게 한다. 아침에 눈을 뜨면서 잠이 들기까지, 밥을 먹으면서, 길을 걸으면서, 사람을 만나면서, 예배를 드리면서, 일터에서, 어디에 있든지 우리는 끊임없이 다양한 소리를 듣고 해석하며 살아가고 있음이 얼마나 피곤한 일인가?

그런데 무엇을 듣고 따라갈 것인지는 우리의 선택이다. 하나님을 대면하여 하나님의 소리를 듣는 명예로운 선택을 하자. 때론 잘 안되더라도 계속 하나님 앞에 가서 그분의 말씀을 듣고 묻자. 이 책을 통해 우리의 생각, 감정, 경험이 하나님의 소리에만 반응하기를 간절히 기도한다. 이 책을 펼치는 순간 모든 독자는 세상의 소리를 넘어 하나님의 소리를 선택하는 멈출 수 없는 기쁨으로 가득 할 것을 확신한다.

최미향 선교사 / MTI 선교사 훈련원 원장

코로나 소리를 들을 것인가?
하나님의 소리를 들을 것인가?

초등학교 때 일어난 일을 지금도 기억하는 것을 보면 그때 그 사건은 나에게 무척이나 큰 충격과 안도감을 준 것 같다. 어느 날 엄마의 손을 잡고 시장에서 구경을 하다 그만 엄마의 목소리를 놓치고 길을 잃어버렸다. 엄마를 찾아 한참 동안 울고 어떻게 해야 할지 몰라 방황하며 시간을 보냈다. 나의 전 존재가 없어진 것 같은 느낌이 들었다.

"이제는 끝이구나!"

"이제 나는 고아가 되었구나!"

"이제 죽었구나!"

엄마를 애타게 찾기 위해 시장 바닥을 눈물과 외침으로 돌아다녔던 모습은 지금까지도 나의 뇌리에서 지워지지 않고 있다. 엄마의 목소리를 놓치고 내가 가고 싶은 방향을 따라, 있어야 할 자리에서 '이탈'을 했을 때 문제가 발생한 것이다. '네가 나의 영광을 짓밟았다(2020년 3월 23일, 규장 출판사)'라는 책을 내고 난 이후에 나는 여러 독자들로부터 다음과 같은 질문을 받게 되었다.

"왜 우리는 하나님의 영광을 짓밟게 되나요?"

"무엇이 우리로 하여금 하나님의 목소리를 듣지 못하게 하나요?"

"우리 안에 하나님의 영광을 가리는 문제들은 무엇인가요?"

　　예수님을 만나면 삶의 모든 방황이 끝이 나고, 물과 성령으로 거듭나서 회심을 하면 나의 죄 문제가 해결이 되고, 예수님을 만나서 사역을 하면 진정 하나님의 영광을 위해 살 수가 있고, 주님 오실 길을 준비하며 사는 복된 인생이 된다는 이야기를 수도 없이 들었지만, 무언가 2% 부족하다는 생각을 지울 수가 없었다. 예수님을 위해 사는 것이야말로 가장 가치 있고 의미 있는 '선교적 삶'이라 믿었지만 그런데 이게 어찌 된 일인가?

"사역의 현장에서 탈진을 했음에도 불구하고 자존심 때문에 나의 문제를 감추고 괜찮은 척 하지 않은가?"

"영적인 탈진이 결국 육적인 탈선으로 이어지는 경우를 우리는 너무 많이 알고 있지 않은가?"

"가장 중요한 사역이 하늘 아버지와의 친밀한 교제요 사귐임을 알지 못한 채 이리저리 바쁘게 살아가고 있지는 않은가?"

"주님을 위해 바쁘게 사는 것이 종종 나의 종교적인 열심일 때가 많지 않은가?"

"사역자 가정이 사역의 열매를 사람들에게 보여주어야 인정을 받는 성과주의, 체면 문화로 인해 영적 가면을 쓰고 거룩한 사역자 행세를 할 때가 있지 않은가?"

많은 사역자들의 가정 안에서 일어나고 있는 슬픈 일들은 '하나님의 목소리'를 듣는 자리에서 떠나 '나의 소견'에 옳은 대로 행해서 발생 된 문제라는 것이다.

"그 때에 이스라엘에 왕이 없으므로 사람이 각기 자기의 소견에 옳은 대로 행하였더라"(삿21:25)

하나님과 영적인 교제를 누리며 사는 모든 그리스도인의 삶에도 이러한 '영적인 법칙'은 오늘도 변함이 없다. 하나님의 자녀로서, 한 가정의 남편과 아내로서 주님이 있으라고 하는 자리, 섬기라고 하는 영역 그리고 머물러야 할 하나님의 임재에서 벗어나, '하나님의 소리'를 듣지 않는 순간 우리는 하나님의 사역자가 아니라, 결국 '마귀의 사역자'로 살아가게 된다. 하나님의 형상대로 지음을 받은 첫 번째 사람 아담이 범죄 한 이후 하나님께서 그에게 가장 먼저 물은 질문은 '아담아! 네가 어디 있느냐?'였다. 다르게 표현하면, '아담아! 너는 나의 목소리를 듣고 순종하는 존재로 살 때 가장 영광스럽다!'라는 것이다. 성경에 나오는 수많은 하나님의 사역자들이 있어야 할 자리에서 이탈을 하고, 들어야 할 하나님의 소리를 듣지 않았을 때 하나님은 아담에게 하셨던 똑같은 질문을 하셨다. 그럼에도 불구하고, 깨어진 가정 안에서 일어나고 있는 슬픈 일들은 하나님의 소리를 듣지 않고 '육신의 소리'를 듣고 반응함으로 생긴 문제라는 것이다.

"겉으로 드러난 문제보다 속으로 삼키고, 드러나지 않게 감추어진 문제가 얼마나 많은가?"

"자살 충동, 가정 폭력과 폭언, 이혼과 별거, 자녀들의 가출과 마약, 사모들의 암투병, 우울증과 조울증, 사역자들의 음란물과 성적 타락 그리고 재정에 대한 미혹들"

이러한 문제들이 예수님을 믿지 않은 불신자 가정에서 일어나는 것이 아니라, 하나님의 영광과 나라를 위해 부름을 받아 사역하고 있는 우리들의 현실적인 문제들이다.

"우리는 정말 중요한 것을 놓치며 살고 있지는 않은가?"

"우리는 누구의 음성을 따라 지금까지 살아왔는가?"

"하나님의 음성이었는가 아니면 나의 음성이었는가?"

부르심을 따라 무언가를 쫓아 열심히 일을 한다. 그런데 나중에 보면 주님이 있으라고 한 장소가 아니요, 주님이 하라고 하신 일이 아닌 것을 깨닫게 된다. 실상은 내가 이루고 싶었고, 내가 하고 싶었고, 내가 사람들에게 '인정'과 '칭찬'을 받고 싶었던 일이었다. 다시 말해, '나' 자신을 숭배하기 위한 '탐욕'을 자칭 '사역' 혹은 '선교'라고 포장을 해서 섬기고 있었던 것이다. 우리의 첫 사람인 아담만 이탈을 한 것이 아니다. 수많은 하나님의 사역자들이 그리고 주 앞에 쓰임을 받았던 사람들이 어느 순간 '하나님의 목소리'를 따라가지 않고, '나의 목소리'를 따라간 것이다.

"왜 그들은 자기 목소리를 따라갔을까?"

"왜 그들은 하나님의 목소리를 듣지 못했을까?"

그것은 우리 모두의 아킬레스건이자 약점이라 할 수 있는 '먹고 사는 문제'와 관련이 있다. 우리 인류의 조상인 아담에서부터 지금까지 저지른 모든 범죄의 근간에는 먹고 사는 문제가 깔려 있다. 먹을 것을 먹지 않고, 들어야 할 소리를 듣지 않을 때 우리는 일탈의 인생을 살아가게 된다. 이러한 일탈의 흔적들이 21세기 초 현대화 시대를 살아가는 지금까지도 우리들의 삶 속에 깊이 각인 되어 있다. 다르게 표현하면, '오늘 무엇을 먹을 것인가?' 그리고 '오늘 무엇을 들을 것인가?'의 문제이다. 아담과 하와는 하나님이 주시는 모든 것을 먹으며, 누리며, 하나님의 임재 안에 살 수 있었지만, 그렇게 살기를 원하지 않았다.

"그들은 먹지 말라 명한 열매를 먹었고, 하나님의 소리 대신에 뱀의 소리를 듣고 순종함으로 이탈을 하였다!" 다시 말해, "먹는데 실패 하였고 듣는 데 실패 한 것이다!"

"여호와 하나님이 그 사람에게 명하여 이르시되 동산 각종 나무의 열매는 네가 임의로 먹되 선악을 알게 하는 나무의 열매는 먹지 말라. 네가 먹는 날에는 반드시 죽으리라 하시니라" (창2:16-17)

또한, 구약 시대에 가장 많은 기적과 이적과 하나님의 능력을 눈으로 보고, 귀로 듣고, 입으로 먹고 마셨던 이스라엘 백성들조차도 하늘에서 떨어지는 만나와 메추라기의 양식에 만족하지 못했다.

"그들은 애굽의 양식을 그리워하였고, 광야에서 말씀하시는 하나님의 음성에 늘 불평과 원망함으로 이탈을 하였다!" 광야 생활 사십 년 동안 의복이 헤어지지 않았고, 발이 부르트지 않았으며, 구름 기둥과 불기둥으로 보호하시고 인도하셨음에도 그들은 '하나님의 소리'를 거부하고 오히려 '육체의 소리'를 따라가다 죽음을 맞이하게 되었다.

이 땅에 태어나기 전부터 우리는 수많은 소리를 듣고 성장하게 된다. 모태에서부터 엄마의 목소리, 아빠의 목소리 그리고 성장하면서 만나는 수많은 사람들의 목소리를 들으며 우리는 인생을 배우고, 삶의 무게와 소중함을 경험하게 된다. 물론, 바른 진리의 말씀보다는 왜곡되고, 편협하며, 거짓된 소리를 따라가게 만든다. 요즘처럼 코로나바이러스라는 말을 이렇게 많이 들어보기는 아마도 처음이 아닐까 싶다. 눈을 뜨면 코로나로 시작해서, 눈을 감고 잠을 자기까지 코로나로 마감하는 것이 하루 일과가 될 정도로 우리의 눈과 귀와 마음의 생각을 사로잡아 우리 인생의 모든 방향을 이끌어 가고 있는 것 같다.

"누구의 소리를 들어야 하는가?"

"무엇을 들어야 나의 영혼이 살 수 있는가?"

아담의 범죄 이후 지금까지의 인류 역사를 한 마디로 표현한다면 '소리 전쟁(The battle of the voices)'일 것이다. 인류의 역사는 누구의 목소리를 듣고, 순종했는지에 따라 그 방향이 흘러왔다고 해도 과언이 아니다. 아담도 들었고, 아브라함, 이삭, 야곱, 그리고 요셉도 들었다. 그 후에 일어난 수많은 하나님의 선지자들과 사역자들 또한 다양한 소리를 듣고 반응하며 살았다.

"결국, 이 세상에 속한 소리를 들으며 죽을 것인가?"

"아니면 위로부터 임하는 하늘의 소리를 들으며 살 것인가?"

"지독한 고집과 아집으로 점철된 요나의 이야기는 내 모습이 아니던가!"

"수치심과 두려움 속에 나 자신을 변명하고, 핑계하던 사울 왕의 이야기는 내 모습이 아니던가!"

"신앙의 공동체 안에서조차 서로 비교하며, 우월감과 열등감의 줄다리기를 하고 있는 모습은 과연 나와 상관이 없을까?"

"꼼수와 처세술을 쓰며 철저히 자아 추구의 인생을 경영해 왔던 야곱의 인생은 누구의 인생을 대변하고 있는가?"

"하나님께서 행하시는 놀라운 일을 눈으로 보고 귀로 들었음에도 불구하고 강퍅한 마음으로 왕의 자리에서 내려오지 않는 바로 왕의 모습은 누구를 비추는 거울인가?"

"이름도 없이 빛도 없이 하나님을 믿고 섬긴다고 했으나, 신앙생활을 하면 할 수록 내 안에 솟구쳐 오르는 탐욕의 괴물은 어떻게 처리해야 하는가?"

자칭, 코로나 시대 혹은 언택트 시대라고 해서 포스트 코로나의 삶에 대해 다양한 예측을 내놓고 있다. 마치 코로나바이러스가 세상을 주관하고 우리의 삶을 이끌어 가는 신(god)이 된 것 같다. 그러나 지금은 코로나 시대도 아니요 언택트 시대도 아닌 '성령의 시대'이며, '교회의 시대'이다! 왜냐하면, 하나님은 어제나 오늘이나 영원토록 동일하신 분이며, 지금도 교회에 말씀하고 계시는 분이기 때문이다!

하나님은 오늘도 '하나님의 목소리'를 놓치고 살아가고 있는 우리 한 사람 한 사람의 이름을 부르고 계신다. 현재 내가 어디에 서 있는지, 어느 방향으로 나아가고 있는지 부르고 계신다.

이 책에는 다양한 인생을 살아간 사람들의 이야기가 나온다. 참으로 놀라운 사실은 그분들의 삶의 여정이 어쩌면 그렇게 나의 삶을 대변하고 있는지 절망스럽기도 하지만, 감격스럽기도 하다. 왜냐하면, 그렇게 연약하고 부족하고, 한 줌의 재에 불과한 인생 속에 찾아오사 무너진 우리의 삶을 일으키시고, '회개'의 마음을 주사 '역전'하시는 '하나님의 승리'를 독자분들과 나누고 싶었다. 우리는 지금 치열한 '소리 전쟁'의 한가운데서 싸우고 있다.

"우리의 씨름은 혈과 육을 상대하는 것이 아니요. 통치자들과 권세들과 이 어둠의 세상 주관자들과 하늘에 있는 악의 영들을 상대함이라. 그러므로 하나님의 전신 갑주를 취하라. 이는 악한 날에 너희가 능히 대적하고 모든 일을 행한 후에 서기 위함이라" (엡6:12-13)

우리가 살아가는 이 세상의 소리는 하나님의 임재에서 떠나 일탈을 꿈꾸라고 충동질하며, 우리의 마음을 빼앗아 가고 있지만, 하나님은 바알에게 무릎을 꿇지 아니한 '칠천 명의 용사들'을 남겨서 지금도 어린양이 어디로 인도하든지 따라가게 하신다. 살리는 것은 '영(the Spirit)'이니 '육(flesh)'은 무익하기에 우리가 그동안 놓치고 살아왔던 '하나님의 소리'를 다시 듣기 원한다.

　　많은 사람들에게 주님의 소리를 전달할 수 있도록 출간을 허락해 주신 엎드림 출판사와 모든 식구들에게 깊은 감사의 마음을 전한다. 또한, 십자가의 전달자로 부르신 곳에서 좁은 길을 걸어가고 계신 모든 하나님의 사람들과 주님 오심을 간절히 기다리며 하나님의 소리에 순종하며 사시는 믿음의 동역자들에게 사랑과 존경의 마음을 담아 이 책을 드린다.

　　끝으로, 나의 믿음을 더욱 온전케 하며 주님을 닮아 가도록 격려해 주는 사랑하는 아내 김야엘 선교사와 어린 나이에 한국을 떠나 선교지에서 여러 가지 아픔과 힘든 시간 속에서도 이스라엘 선교에 동역해 준 사랑하는 아들 세원이와 딸 보배에게 고마운 마음을 전한다. 연약하고 온전치 못한 나에게 진정한 선교가 무엇이며 아버지의 마음이 무엇인지 지금까지 가르쳐주고 있기 때문이다.

"귀 있는 자는 성령이 교회에 하시는 말씀을 들을지어다!"

하늘의 불이 내린 갈멜산에서 **최요나**

Contents

요-'나'의
소리

말더듬이 인생

초등학교 다니던 언제부터인지 '말더듬'을 하기 시작했다. 무슨 이유에서 인지 내가 생각하는 말과 표현이 나의 머릿속에서만 맴돌고 막상 말을 하려 고 하면 턱턱 막히기 시작하였다. 처음에는 급하게 말을 하려고 하다 보니, 막히게 돼서 그런가 보다 했다. 그러나 시간이 지날수록 말더듬의 증상은 점 점 심해져 갔다. 어릴 때부터 시작된 말더듬 증상이 성인이 되어서까지도 영 향을 주게 될 줄은 정말 생각지도 못했다. 지금도 잊혀지지 않는 가장 두려운 수업 시간이 있었다. 그것은 '국어 시간'에 선생님이 학생 한 사람씩 시켜서 책 을 읽게 하는 수업이었다. 수업 시작 전부터 초 죽음이다. 나의 맥박과 심장 박동수는 급격히 뛰고, 호흡은 거칠어졌고, 선생님과 눈을 맞추지 않으려고 자세를 낮추었다. 무엇보다 선생님의 눈에 띄지 않게 숨어 보려고 애쓰는 나 의 모습이 참으로 애처로웠다.

요나 선지자로 인해서 지중해 바다가 요동을 치고, 배가 가라앉게 되자 사공들은 자신들이 섬기던 신(god)의 이름들을 불렀는데, 나 또한 수업 시간 만 되면 어린 나이에 온갖 잡신들의 이름을 불렀다. 이 문제만 해결해 주면 뭐 든지 하겠다고, 이 어려움만 지나가게 해 주면 무슨 일이든 하겠다고 할 정도 로 말더듬 증상을 가지고 있었던 나에게 학교 수업 시간은 무척이나 큰 고통의 시간이었다. 특히 앞에 나와서 발표하거나, 책을 사람들 앞에서 읽어야 하는 날에는 깊은 모멸감과 수치심 그리고 비웃음을 참아내야 하는 삼중고를 감내해야 했다.

학교를 가지 않기 위해 꾀병을 피우기도 하고, 이리 저리 동네 주변을 맴돌기도 하였다. 그렇다고 학교를 매일 빠질 수도 없는 상황이지 않은가. 드디어 나의 차례가 되어 자리에서 일어나 책을 읽기 시작하였다.

"아침에,.바,..바,..바,..박,.."

말을 더듬거리며 읽는 내 모습도 싫었지만, 함께 수업을 듣고 있던 친구들도 한심하다는 듯이 나의 얼굴을 쳐다보는데 그 상황이 너무나 부끄러웠다. 옆에서 키득대며 웃기도 하고, 수업이 끝나면 똑같이 흉내를 내고 놀리는 모습이 나에게는 감당하기 어려운 삶의 고통이었다. 똑같은 단어와 음절의 반복을 하면서 나도 모르게 특이한 몸의 행동들을 하기 시작하였는데, 그것은 눈의 시선을 다른 데 두고 진정시키려는 시도였다. 어느 순간 말더듬을 회피하기 위해 나의 생존 본능은 문장들을 서로 바꾸기도 하고, 단어를 다른 것으로 대치하기도 하면서 말을 더듬고 있다는 내 모습을 감추기 위해 무던히도 애를 썼다.

말을 더듬는 원인은 여러 가지가 있다고 한다. 환경적인 요인, 심리적인 요인, 언어적인 요인, 정서적인 요인 그리고 유전적인 요인들이 복합적으로 작용을 한다고 하지만, 언어 장애인 것이 분명한 질병의 일종이다. 말을 더듬는 인생을 살게 되면서 형성된 나의 정체성은 다분히 소극적이며, 내성적이고 모든 것을 부정적으로 생각하게 만든 뼈아픈 아킬레스건이 되었다. 그래서 나에게 있어서 가장 두려웠던 시간은 '책을 읽는 수업 시간'이었고, 사람들 앞에서 '발표하는 시간'이 되었다.

"말더듬이 인생이 우리 사회에 필요할까?"

"말더듬이 인생이 사람 구실은 하고 살까?"

부모님들의 한숨과 걱정을 뒤로 하고, 학창 시절을 보내면서 나는 이 땅에서 정상적인 삶을 살 것이라는 기대는 애초에 하지 않았다. 어느 누구도 이러한 말더듬이 인생을 반겨주지도 않을뿐더러, 이 사회에 필요한 존재라는 생각은 하지 않기 때문이다. 대학에 들어가서 예수님을 인격적으로 만난 뒤에도 이러한 생각은 변하지 않았다. 말을 더듬고 시선을 잘 맞추지 못하고, 눈을 심하게 깜박이며 같은 음절과 단어를 반복적으로 하고, 대명사를 자주 사용하면서 단어를 도치시키는 말더듬이의 인생을 나는 참으로 부끄러워하였다.

"어떻게 말을 더듬으면서 설교를 할 수 있을까?"

"어떻게 말을 더듬으면서 찬양 인도를 할 수 있을까?"

"하나님은 나 같은 사람을 사용하실 수 있을까?"

나는 요나 선지서를 읽을 때마다 그 요나의 이야기가 성경에 기록된 하나님의 말씀을 뛰어넘어 나의 삶을 만지시는 '하나님의 숨결'로 다가온다. 왜냐하면, 그렇게 선지자로서 자격이 안되고, 도망을 치고, 숨어버리려는 삶을 나 또한 살았기 때문이다.

"어떻게 요나 같은 사람이 선지자로 부르심을 받았을까?"

"어떻게 나 같은 말더듬이 인생이 설교자로 부르심을 받았을까?"

예수님을 믿고 난 이후에도 나는 믿음의 근거가 사람의 지혜에 있지 않고, 성령의 나타남과 능력에 있다고 하신 말씀이 내 삶에 실재가 되지 못했다. 그러나 부르심을 입은 자들에게는 유대인이나 헬라인이나 그리스도는 하나님의 능력이요 하나님의 지혜라는 사실을 주님은 지금까지 가르쳐 주고 계신다.

"그러나 하나님께서 세상의 미련한 것들을 택하사 지혜 있는 자들을 부끄럽게 하려 하시고 세상의 약한 것들을 택하사 강한 것들을 부끄럽게 하려 하시며 하나님께서 세상의 천한 것들과 멸시 받는 것들과 없는 것들을 택하사 있는 것들을 폐하려 하시나니" (고전1:27-28)

걸음아 날 살려라

우리는 성경에 나오는 여러 믿음의 영웅들을 만나게 된다. 성경에 나오는 하나님의 사람들 중에 우리가 참 닮고 싶고, 본받고 싶은 여러 사람 들을 떠올리게 되는데 대표적인 사람을 뽑으라면 아마도 아브라함, 요셉, 모세, 다니엘, 예레미야, 베드로, 요한 그리고 바울 같은 분들이 아닐까 싶다. 그런데 우리가 회피하고 싶고, 별로 닮고 싶지 않은 대표적인 인물을 구약 성경에서 뽑으라고 한다면 가장 1순위가 아마도 '요나'가 아닐까 싶다. 요나서를 읽다 보면 참 기가 막히고 아연질색 하게 된다. 왜냐하면, 어떻게 이런 사람을 하나님이 불러서 선지자의 역할을 하게 하셨는지 이해가 되지 않기 때문이다. 그런데 나는 구약 성경 중에 가장 인간적이고, 사람 냄새가 나고, 우리의 근본 정체성과 실체를 가장 극명하게 드러내는 구약 성경은 '요나서'라고 생각한다. 이스라엘 나라가 솔로몬에 의해 분열이 되어 남왕국 유다와 북왕국 이스라엘로 나누어졌을 때 북이스라엘의 가장 큰 번성기를 가져온 왕은 '여로보암 2세'였다. 이때 하나님의 사명을 받아 이스라엘을 압제한 대표적인 적국인 앗수르의 수도 '니느웨'에 가서 회개의 메시지를 전하라고 선택을 받은 사람이 요나였다. 요나의 고향은 나사렛에서 북동쪽 5km 지점의 '가드헤벨(주: Gath-Hepher, 구덩이의 포도주 즙을 짜는 틀이라는 뜻)'이라는 곳인데, 거기서부터 니느웨까지

가라는 것이다.

"너는 일어나 저 큰 성읍 니느웨로 가서 그것을 향하여 외치라. 그 악독이 내 앞에 상달되었음이니라 하시니라" (요나서 1:2)

그 부르심에 요나가 보인 첫 번째 반응은 '도망치는 것'이었다. 여호와의 얼굴을 피하려고 일어나 욥바 항구에 가서 배를 타고 '다시스(주: 스페인 지역)'로 도망치는 선지자 요나의 모습에 우리는 혀를 차기도 한다.

"그러나 요나가 여호와의 얼굴을 피하려고 일어나 다시스로 도망하려 하여 욥바로 내려갔더니 마침 다시스로 가는 배를 만난지라. 여호와의 얼굴을 피하여 그들과 함께 다시스로 가려고 배삯을 주고 배에 올랐더라" (요나서 1:3)

"쯧쯧쯧,..어떻게 저런 사람이 선지자일까?"

"왜 하나님은 저런 사람을 불러서 사용하실까?"

"나라면 저렇게 반응하지 않았을텐데!"

참으로 놀라운 사실은 요나가 다시스로 도망하려 하여 욥바로 내려간 모든 행동의 이유가 '여호와의 얼굴을 피하기' 위함이었다고 한다.

아. 뿔. 싸!

여호와의 얼굴을 피하려고 배를 타고 다시스로 도망을 가고 있는 모습이 창세기 3장에 하나님께 범죄하고 난 뒤에 하나님의 소리를 듣고 아담과 그의 아내가 '여호와 하나님의 낯을 피하여' 동산 나무 사이에 숨었다는 말씀과 놀랍도록 오버랩이 된다.

"그들이 그 날 바람이 불 때 동산에 거니시는 여호와 하나님의 소리를 듣고 아담과 그의 아내가 여호와 하나님의 낯을 피하여 동산 나무 사이에 숨은지라" (창3:8)

"어찌 인류 역사 이래로 우리가 가장 잘하는 장기는 늘 하나님의 얼굴을 피하여 도망을 치는 것일까?"

"어쩌면 우리의 삶도 계속 하나님의 낯을 피하여 숨고, 도망치고 있지는 않은지 요나서를 통해 하나님이 말씀하고 있는 것은 아닐까?"

참으로 뻔뻔한 요-'나여'!

하나님은 지중해 바다를 흔드신다. 얼마나 무섭게 폭풍이 일어났으면 배 안에 있는 사공들이 자신들이 그동안 믿고 의지한 신(god)의 이름을 부르고 또 배를 가볍게 하려고 물건들을 바다에 던졌겠는가. 그런 상황임에도 배 밑층에 가서 깊은 잠을 자는 요나의 모습은 참으로 놀라움을 넘어 경이롭기까지 하다 (요나서 1:5). 바다의 폭풍이 감탄하지 않았을까?

"와! 세상에 이런 일이"

이렇게 배가 깨질 정도로 큰 폭풍이 내려치는데도 잠을 자는 요나의 모습에 말이다. 선장과 선원들은 이러한 바다 폭풍의 재앙이 심상치 않음을 보고 이는 분명 누구의 잘못으로 인한 재앙이라는 생각이 들어 제비를 뽑게 되고, 결국 요나가 재앙을 가지고 왔다는 것을 알게 된다. 큰 재앙을 당한 그들에게는 죽고 사는 문제였기에, 선장은 요나를 깨워 하나님께 구하라고 촉구한 것이다.

"선장이 그에게 가서 이르되 자는 자여 어찌함이냐. 일어나서 네 하나님께 구하라. 혹시 하나님이 우리를 생각하사 망하지 아니하게 하시리라 하니라"
(요나서 1:6)

무리들이 요나에게 하는 질문을 들어보자 (요나서 1:8).

"이 재앙이 누구 때문에 왔는지 말하라!"

"당신 생업은 무엇이요?"

"당신은 어디서 왔소?"

"당신은 어느 나라 사람이며, 어느 민족에 속하였소?"

요나 선지자는 무리들의 이런 다급한 질문들에 대해 다음과 같이 대답을 하고 있다.

"나는 히브리 사람이요!" (요나서 1:9)

"나는 바다와 육지를 지으신 하늘의 하나님 여호와를 경외하는 자요!"
(요나서 1:9)

  그런데 아무리 봐도 요나의 대답이 너무나 뻔뻔하게 들리는 것은 나만 느끼는 걸까? 정말 요나의 대답에 어떻게 반응을 해야 할까? 웃어야 할까 아니면 울어야 할까? 그가 히브리 사람인 것은 맞지만, 이 상황에서 자신은 바다와 육지를 지으신 하늘의 하나님을 경외하는 자라고 어떻게 이야기를 할 수 있을까?

"그가 하나님을 경외하는 자인가?"

　자신의 불순종으로 인해 지중해 바다가 흔들리고, 배에 탄 모든 사람들의 생명까지 위협을 받고 있는데 배 밑층에 내려가 깊은 잠을 자고 있었던 요나가 무리들 앞에서 태연히 이런 고백을 하고 있다는 것이 참으로 놀랍다. 요나가 '여호와의 얼굴을 피해서' 이런 결과가 생겼다는 것을 알게 된 무리 들은 심히 두려워하며 오히려 요나 선지자를 책망하고 있다.

"네가 어찌하여 그렇게 행하였느냐?" (요나서 1:10)

다른 말로 이렇게 표현할 수 있을 것 같다.

"당신 정말 하나님 경외하는 사람 맞소?"

"당신 어떻게 그런 말을 할 수가 있소?"

　바다의 큰 폭풍은 점점 흉용해 지고, 다른 방법을 찾지 못하자 요나는 이 모든 일의 원인과 책임이 자신에게 있음을 알고 나를 바다에 던지라고 한다. 내가 바다에 빠져 죽는 다 할지라도 나는 니느웨에 가지 않겠다는 것이다. 니느웨에 갈 바에야 차라리 나를 바다에 던져 죽여 달라고 하는 것이다.

"이런 사람을 하나님이 부르셨다는 것이 말이 되는가?"

"이런 사람이 니느웨에 가서 복음을 전해야 하는가?"

"차라리 다른 사람을 선택해서 사용하시면 되지 않는가?"

　뻔뻔해도 어쩌면 그리 뻔뻔하고 고집스럽고, '자신의 의(self-righteousness)'로 똘똘 뭉쳐 있는지 이해가 되지 않는다면 요나라는 이름을 거꾸로 사용해 보라! 이 선지자의 행동을 통해 성경은 누구를 다루고 싶어 하는지 알 수 있을 것이다. '요나'를 거꾸로 쓰면 '나요!'가 된다.

　요나 하면 우리는 고집스럽고 자기주장과 자기 생각에 사로잡혀 있고, 하나님의 뜻과는 반대의 길로 가는 대표적인 사람으로 인식되어 있다. 그런데 부정할 수 없는 한 가지 사실은 이러한 '요나 콤플렉스(Jonah complex)'가 우리 모두의 마음 밑바닥에 잠재되어 있다는 것이다. 누구나 이러한 상황과 환경에 처하면 요나와 같이 말도 안 되는 고집과 아집과 자기주장에 사로잡혀 하나님이 말씀하시고 바다를 흔들어 깨워도, 자신을 바다에 던져 죽여 달라고 하는 이런 뻔뻔스러움의 행동을 우리 모두 할 수 있다는 사실이다. 그래도 한 가지 소망이 있는 것은 이러한 요나를 포기하지 않으시는 분이 바로 우리 '하늘 아버지'라는 사실에 있다.

하나님: "너는 요나서의 주제가 무엇이라고 생각하느냐?"

최요나: "글쎄요, 잃어버린 영혼을 향한 하나님 아버지의 마음이 아닐까요?"

하나님: "왜 많은 사람들이 요나서를 읽으면서 불편한 줄 아니?"

최요나: "글쎄요, 워낙 고집도 쎄고, 말도 안 듣고, 하나님께 말대꾸하고 죽여

달라고 하는 사람이 선지자로 부름을 받았다는 사실이 아닐까요."

하나님: "대부분의 사람들 안에는 요나 콤플렉스(Jonah complex)가 있단다."

최요나: "그게 뭔가요?"

하나님: "내가 요나서를 통해 사람들에게 가르치고 싶었던 중요한 주제는 요나의 모습을 통해 먼저 자기 자신을 살펴보고자 했다!"

최요나: "내 안에도 요나와 같은 못된 심보가 있고, 욕심이 있고, 지독한 분노와 불순종의 모습이 있다는 것을 가르쳐 주고 싶으셨다는 말씀이세요?"

하나님: "요나를 거꾸로 읽어보렴."

최요나: "나요!!, 아 그렇구나!"

"요나가 문제가 아니라, 내가 문제라는 것이다!"

　　요나 선지자가 참으로 뻔뻔한 것이 아니라, 내 안에도 요나와 같은 못된 심보가 있고, 욕심과 아집이 있고, 지독한 분노와 불순종의 모습이 있다는 것을 인정할 때 우리는 비로소 다음과 같이 고백할 수 있다. 참으로 뻔뻔한 요-'나요'!!
　　요나 선지자의 모습을 통해 참된 내 모습을 발견하는 은혜가 있기를 기도한다.

요-'나' 바이러스

대학교 1학년 가을 친구 따라 여수 애양원이라는 곳에 처음 가서 하나님의 이름을 부르고, 주님을 만나게 된 계기로 인해 나의 삶은 급작스러운 전환점을 맞이하게 되었다. 그리고 신앙 공동체에 들어가 제자의 삶을 배우며 훈련을 받게 되었다. 그러던 중 생애 처음으로 단기 선교를 일본이라는 나라에 가게 되었다. 지금 생각해 보면 가장 가기 싫고, 마음에 내키지 않았던 나라가 일본이었는데, 예수님을 만나서 변화가 되니 일본이라는 나라와 그 땅에 살고 있는 영혼들이 너무나 불쌍해 보였다.

"가장 가깝고도 먼 나라가 일본이 아니던가!"

우리가 잘 알고 있듯이 '한-일전(예. 축구, 야구, 배구 등)'이 있는 날이면, 온 나라가 떠들썩하고 집, 공원, 그리고 다른 장소에서 목청껏 '대.한.민.국'을 외치며 응원하기도 했다. 다른 나라 한테 지는 것은 별 문제가 안되었지만, 일본에게 지는 날이면 다음날 신문과 인터넷에 수 많은 기사들이 도배가 되었던 것을 기억한다.

선지자 요나에게 있어서 일본은 어디일까 생각을 해 보았다. 철저한 민족주의자요, 배타적 선민사상을 가진 요나는 하나님의 강권적인 부르심 속에 앗수르의 수도 니느웨에 가서 외치라는 소명을 받는다. 마치, 한국 선교사가 일본에 가서 복음을 선포하는 것과 비슷한 맥락이라 할 수 있다. 더욱이 내가 가려고 하는 나라로부터 심각한 피해와 모욕과 수탈을 당했다면 소명은 둘째 문제이다. 오히려 하나님의 진노와 심판으로 그 나라가 망하고, 쫄딱 망하기를 누구보다 간절히 원했던 사람이 바로 요나의 마음이었을 것이다. 그런 의미에서 요나가 하나님께 보였던 반응과 태도를 나는 인간적으로 좋아한다. 꾸미지 않고, 가식적이지 않고, 속에 있는 모습 그대로의 요나 모습에 나는 끌리곤 한다.

"왜냐하면, 하나님은 이런 사람도 사랑하시는구나!"

"하나님은 이런 선지자도 사용하시는구나!"

"하나님은 한다면 하시는구나!"

"하나님의 선교는 나의 어떠함이나 약점에 제한을 받지 않으시는구나!"

요나는 큰 물고기 뱃속에서 전무후무한 말씀 부흥 집회를 한 뒤에, 회개의 기도를 드리며 조금 바뀐 모습으로 일어나 니느웨 성읍에 들어가 '회개의 메시지'를 전한다. 물론, 사흘 동안 걸을 만큼 큰 성읍이었으나 그는 '하루 동안'만 다니며 나름의 최선(?)을 다한다.

"여호와의 말씀이 두 번째로 요나에게 임하니라 이르시되 일어나 저 큰 성읍 니느웨로 가서 내가 네게 명한 바를 그들에게 선포하라 하신지라. 요나가 여호와의 말씀대로 일어나서 니느웨로 가니라. 니느웨는 사흘 동안 걸을 만큼 하나님 앞에 큰 성읍이더라" (요나서 3:1-3)

"그런데 이게 웬일인가!"

사람이든 짐승이든 다 굵은 베옷을 입고, 힘써 하나님께 부르짖으며 각기 악한 길과 손으로 행한 강포에서 떠나게 되자, 하나님은 뜻을 돌이키사 재앙을 내리지 않으신다. 요나가 참으로 변화 받은 사람이었다면, 그의 첫 반응은 무척 기뻐하며 '할렐루야!'를 외쳐야 했으나, 그의 첫 반응은 '매우 싫어하고 성을 내었다'고 한다. 왜냐하면, 그들이 심판을 받고 재앙을 받아 폭싹 망해야 하는데 망하지 않은 모습에 분노가 일어난 것이다. 그들이 회개해서 돌이키는 모습보다 하나님의 심판과 진노의 잔이 부어져서 멸망하기를 누구보다 간절히 바랐던 요나였다.

"하나님이 그들이 행한 것 곧 그 악한 길에서 돌이켜 떠난 것을 보시고 하나님이 뜻을 돌이키사 그들에게 내리리라고 말씀하신 재앙을 내리지 아니하시니라. 요나가 매우 싫어하고 성내며" (요나서 3:10-4:1)

요나: "아,..하,..내 이럴 줄 알았어!" (요나가 지금 하고 있는 생각)

요나: "분명 그들이 회개하고 돌이키면 하나님은 재앙을 내리지 않을꺼야! 빨리 다시스로 도망을 쳐야 해." (요나서 1장 3절에서 요나가 다시스로 도망갈 때 가졌던 생각)

요나: "날 죽이세요! 내가 살아서 뭐 합니까? 니느웨 백성들이 회개해서 심판

을 받지 않는 것은 내 두 눈으로 차마 못보겠습니다. 날 죽이세요! 니느웨 성읍에 사는 사람들을 다 죽이시든지 저를 죽이시든지 한 가지만 하세요!"

하나님: "너 왜 그렇게 성질을 내고 있니?"

요나: "왜요? 제가 성질 내면 안됩니까? 제가 성질 내겠다는데 무슨 문제 있어요?"

요나: "아,.하,.니느웨 성읍이 빨리 망해야 하는데, 별 일 없나?"

요나: "휴,.근데, 날씨 참 덥다. 아 머리 뜨거워."

그렇게 성질을 내는 요나를 위해 하나님께서는 박넝쿨을 준비해서 요나를 가리게 하시고, 그의 머리를 위하여 그늘을 만들어 주신다.

"당신은 이런 하나님이 이해가 되는가?"

우리 같으면 박넝쿨이 아니라, 해를 더 뜨겁게 해서 하나님의 마음을 모르고 성질만 지독하게 피우는 요나 선지자의 머리에 쪼이고 싶을 텐데, 하나님은 요나의 머리에 그늘을 지게 하사 괴로움을 면하게 해 주신다.

"하나님 여호와께서 박넝쿨을 예비하사 요나를 가리게 하셨으니 이는 그의 머리를 위하여 그늘이 지게 하며 그의 괴로움을 면하게 하려 하심이었더라. 요나가 박넝쿨로 말미암아 크게 기뻐하였더니"(요나서 4:6)

요나: "할렐.루.야! 역시, 하나님은 내 편이야. 하나님은 참 좋으신 분이셔." 그런데 하나님은 벌레를 준비해서 박넝쿨을 갉아 먹게 하시고, 해가 뜰 때 뜨거운 동풍을 불게 해서 박넝쿨을 시들게 하신다.

"하나님이 벌레를 예비하사 이튿날 새벽에 그 박넝쿨을 갉아먹게 하시매 시드니라. 해가 뜰 때에 하나님이 뜨거운 동풍을 예비하셨고 해는 요나의 머리에 쪼이매 요나가 혼미하여 스스로 죽기를 구하여 이르되 사는 것보다 죽는 것이 내게 나으니이다 하니라" (요나서 4:7-8)

뜨거운 해가 요나의 머리에 쪼이게 되었을 때 그는 다시 한번 뜨거운 성질을 낸다. 아마 요나 선지자의 별명이 있었다면 '뜨거운 형제'가 아니었을까 싶다. 그런데 정말 놀랍고 두려운 사실이 여기에 숨어 있다! 하나님께서 예비하신 큰 물고기, 박넝쿨, 벌레 그리고 뜨거운 동풍은 하나님이 명하신 그대로 순종했는데 하나님이 부르신 선지자 요나는 스스로 죽기를 구하고 있으니 참으로 기가 막힌 상황이 아닌가?

하나님: "큰 물고기! 요나를 삼키거라." (요나서 1:17)

큰 물고기: "네, 알겠습니다."

하나님: "박넝쿨! 요나의 머리 위에 그늘이 지게 하라." (요나서 4:6)

박넝쿨: "네, 알겠습니다."

하나님: "벌레! 새벽에 박넝쿨을 갉아 먹으라." (요나서 4:7)

벌레: "네, 알겠습니다."

하나님: "동풍! 뜨거운 바람이 불어오게 하라." (요나서 4:8)

동풍: "네, 알겠습니다."

하나님: "요나!"

요나: "차라리 나를 죽이세요! 이렇게 살 바에야 차라리 죽는 것이 낫습니다!" (요나서 4:8)

하나님: "이 박넝쿨로 네가 성질을 내는 것이 합당하니?" (요나서 4:9)

요나: "당연하지요. 내가 내 성질에 못 이겨 죽는다 하더라도 옳습니다!" (요나서 4:9)

하나님: "내가 너를 아끼고, 사랑하고, 돌보는 것처럼 이들 또한 좌우를 분변하지 못하는 자가십이만여 명이요, 가축도 많이 있는데 내가 아끼는 것이 당연하지 않느냐?" (요나서 4:11)

요나: "할 말 없습니다." (요나서 4:12)

　　요나서 4장 12절은 성경에 없다! 왜냐하면, 니느웨 백성들을 향한 하나님 아버지의 마음을 알게 된 요나가 더 이상 말대꾸를 할 수가 없었기 때문이다.

하나님: "사랑하는 아들아! 딸아! 내가 너를 통해서 하고 싶었던 선교는 니느웨에 있는 백성들을 구원하는 것뿐만 아니라, 나는 '너부터 먼저' 선교하고 싶었다!"

　　코로나바이러스 보다 더 무서운 바이러스를 여기서 보게 된다. 모든 피조물들은 창조주이신 하나님의 말씀에 엎드리고, 하라고 명한 그 일에 온전히 순종한다. 그러나 요-'나' 바이러스를 가지고 있는 우리 인간은 철저히 '나' 중심성을 놓지 못하고, 내가 원하고 바라는 일들이 되어야만 기뻐하고 만족한다. 코로나바이러스에 감염이 되는 것도 조심해야 하겠지만, 요-'나' 바이러스에 이미 감염이 되어서 모든 것을 철저히 '나' 중심으로 생각하고, '나'를 위해서 살고, '나'만의 행복과 만족감을 위해 살려는 못된 심보를 오늘도 십자가 무덤으로 가져가야 한다. 거기서 그리스도와 함께 죽고, 함께 부활해서 그분의 영으로 살아내는 참된 신자가 되기를 간절히 소망한다.

앞으로 뭐 먹고 살래?

올해로 신앙생활 한 지 34년이 되었다. 대학교 1학년 때 예수님을 극적으로 만나 삶이 뒤집어진 후에 '그리스도의 제자'로 살기 위해 몸부림치던 시간들이 있었다. 지금 그렇게 살라고 하면 엄두가 나지 않을 만큼 수 많은 모임들, 집회들 그리고 사역한 시간들을 생각해보면 나의 열심이 아니라, '하나님의 열심'이었다. 예수님을 만나 변화된 후에 가졌던 내 삶의 유일한 목표와 비전은 오직 '선교'였다. 이 땅에 푸르고 푸른 그리스도의 계절이 오게 하는 것, 민족을 변화시키고, 세계를 변화시켜 이 땅에 진정한 주의 나라가 임하게 하는 것이야말로 내 삶의 존재 목적이자, 이유가 되었다. 입술로 고백한 만큼 삶으로 증명하고 싶어 나의 젊음을 드렸던 그 시간은 지금도 나의 신앙생활에 기초가 되었고, 자양분이 되었음은 두말 할 나위가 없다.

때가 되어 대학교를 졸업할 즈음에 누가 이렇게 물었다.

"앞으로 뭐 먹고 살래?"

물론 나의 가장 가까운 지인이 한 말이었다. 제자 훈련받느라 자격증 하나 없고, 예수님께 미쳐서 오직 찬양, 기도, 전도에 '올인'하며 살던 시간이 마쳐지고 이제 졸업을 앞둔 나를 걱정해서 한 말이었다. 정말 대책이 없던 삶이었다. 아니, '주님이 나의 대책이며 계획입니다!' 라는 고백은 전심의 고백이었기에 주저함이 없었다. 정말 거침이 없는 삶이었다!

대학 졸업 후에 여러 가지 일을 하다가, 포항 한동대학교 생활관 사감(주: 기숙사 상담 간사)으로 4년간 섬기게 되었다. 한동대 후원회 모임인 '갈대 상자' 사무실에서 잠시 일을 돕던 지금의 아내를 만나 결혼을 하게 되었고 가정을 이루게 될 즈음 누가 이렇게 물었다.

"앞으로 뭐 먹고 살래?"

물론 나의 가장 가까운 형제가 한 말이었다. 포항 한동대학교에서 계속 일을 하며 지내도 되는데, 4년 만에 사직서를 내고, 결혼과 동시에 선교사로 나가기 위해 준비하는 모습을 본 형제가 걱정해서 한 말이었다. 그랬었다! "정말 대책 없이 이렇게 사는 것이 가능할까?" 그때 만난 아내는 사실 나보다 더 대책이 없는 아니, 더 믿음이 있는 사람이었다. 앞으로의 진로와 세상 걱정을 하면 늘 이렇게 도전을 했으니 말이다. "주님이 우리의 대책입니다!" 정말 세상이 감당할 수 없는 사람이었다.

외국에 나가 언어를 배우고, 선교 단체 안에서 진행하는 여러 가지 훈련을 소화하며 선교에 대해 그리고 선교사의 삶을 조금씩 배우게 되었다. 때가 되어 한국에 돌아와 신학을 공부하게 되었는데 머물 집이 없었고, 재정은 더욱 없던 시절이었다. 앞이 보이지 않는 막막한 현실 속에 던져진 상태였지만, 나와 아내는 기쁨과 성령이 충만하였다.

"앞으로 뭐 먹고 살래?"

　　한국에 들어오기는 했으나, 집도 직업도 후원자도 없이 사는 우리의 모습을 본 가까운 지인이 던진 질문이었다. 가장으로서, 남편으로서 무언가는 해야 할 것 같았는데, 신학교를 가기 위해 매일 입시 준비를 하는 것만큼 열심히 입학시험을 준비했다. 그렇게 6-7개월 간의 시간을 보내고 신학 대학원 입학시험을 치게 되었다. "주님이 공급하실 겁니다!"라는 고백대로 주님은 아주작은 월세집을 주셨고, 필요할 때마다 까마귀를 통해 쌀과 김치를 공급해 주셨다. 그렇게 해서 들어가게 된 신학 대학원이었고, 안양에 있는 교회에서 사역을 시작함으로 전도사의 생활은 시작이 되었다. 물론 그때도 집은 없었지만, 하나님은 한다면 하시는 분이시기에 우리 가족이 살 작은 공간을 허락해 주셨다. 교회와 학생부 아이들을 섬기며 복된 전도사의 생활을 하는 동안 선교지로 나가기 위한 구체적인 준비를 하게 되었다. 때가 되어 2011년 1월 29일 이스라엘 선교사로 출국을 앞둔 어느 시점에 가까운 지인이 이렇게 물었다.

"앞으로 뭐 먹고 살래?"

　　이스라엘은 중동의 태풍과도 같은 지역이고, 집값은 훨씬 비싸고, 먹고살기가 힘들뿐더러, 선교하기는 더더욱 어려운 사람들이 유대인들인데, 어떻게 하려고 이렇게 가족들을 데리고 선교지로 나가냐는 볼멘소리를 한 것이다. 욥의 친구들처럼 욥을 위로해 주는 것 같았지만, 실상은 욥의 아픈 곳을 후벼판 사람들이 바로 욥과 친구들 간의 논쟁이 아니던가! 마찬가지였다. 우리의 삶 속에 주님이 얼마나 세밀하게 그리고 친근하게 인도해 오셨는지 수도 없이 고백하고, 간증하고 나누었지만, 그들의 눈은 가려졌고, 귀는 듣지 못한 아이러니한 상황이었다. 이스라엘에서 좌충우돌하며 보낸 10년 동안의 시간

속에 하나님은 매달 내는 집세와 먹고 사는 문제에 어려움이 없도록 보호하시고, 인도해 주셨다.

"여호와께서 그를 황무지에서, 짐승이 부르짖는 광야에서 만나시고 호위하시며 보호하시며 자기의 눈동자 같이 지키셨도다. 마치 독수리가 자기의 보금자리를 어지럽게 하며 자기의 새끼 위에 너풀거리며 그의 날개를 펴서 새끼를 받으며 그의 날개 위에 그것을 업는 것 같이 여호와께서 홀로 그를 인도하셨고 그와 함께 한 다른 신이 없었도다"(신32:10-12)

그렇게 이스라엘에서의 시간을 보내고, 주님의 이끄심 속에 2020년 1월 책 출판과 개인 일정 때문에 잠시 한국에 나오게 되었는데 머물 집이 없었다, 죄 많은 이 세상이 내 집은 아니지만, 자녀들이 커가고 십 대의 시절을 보내고 있는 과정에 머물 집이 없다는 것은 견디기 힘든 아픔이자, 아이들에게 미안한 마음이었다. 그래도 주님은 단 한 번도 우리를 실망시킨 적이 없으신 좋은 아버지가 아니던가! 한국에 들어온 뒤 얼마 되지 않아 가까이 있는 가족 중에 한 분이 이렇게 말씀하셨다.

"앞으로 뭐 먹고 살래?"

물론, 이렇게 물은 사람은 예수님을 믿고 신앙생활을 하는 분이다. 우리 가정이 지금까지 어떻게 살아왔는지, 무엇을 먹으며 살아왔는지 그리고 하나님은 어떻게 일을 하셨고 인도해 오셨는지 가장 가까이에서 보았던 증인이었다. 그럼에도 불구하고, 하나님은 보이지 않고 코로나로 인해 경제가 무너지고, 후원이 끊어지는 현실의 상황이 더 크게 보인 것이다. 하나님은 죽은 분이 아니신데 말이다! 참으로 '웃픈(주: 웃지만 슬픈 현실의 줄임말)' 현실의 모습을 보게 되었다. 어떻게 대답해야 할지 몰라 순간 당황했지만, 곧바로 나는 이렇게 대답하였다.

"앞으로 뭐 먹고 사냐구요? 이때까지 우리 가정이 어떻게 먹고 살았는지 잘 아시면서, 몰라서 이런 질문을 하시는 건 아니시죠?" 하고 반문을 하였다. 자칭 코로나 시대라고 불리워지는 이 어려운 시기에 많은 사람들이 무엇을 먹으며 살아야 하는지 걱정하고 고민을 한다. 선교사라고 해서 이러한 고민과 현실적인 걱정이 없다는 것은 거짓말일 것이다. 그러나 분명하고 부인할 수 없는 사실은, 하나님은 지금도 시퍼렇게 살아 계시고, 인도하시는 '에벤에셀'의 하나님이시다. 지금까지 하나님의 도우심을 눈으로 보고, 귀로 듣고 직접 목격 했는데 어찌 신앙을 부인하며, 주님의 도우심을 의심할 수 있겠는가?

아.뿔.싸 !

"눈이 있다고 다 보는 것이 아니요, 귀가 있다고 다 듣는 것이 아니다!"

"이 백성들의 마음이 완악하여져서 그 귀는 듣기에 둔하고 눈은 감았으니 이는 눈으로 보고 귀로 듣고 마음으로 깨달아 돌이켜 내게 고침을 받을까 두려워함이라 하였느니라. 그러나 너희 눈은 봄으로, 너희 귀는 들음으로 복이 있도다" (마13:15-16)

"주님! 오늘을 살아가는 우리에게 하나님의 일하심과 역사하심을 보고 들을 수 있는 복된 눈과 귀가 되게 하소서."

사람 살려!

    나는 개인적으로 물과 불편한 추억이 많은 편이다. 그래서 그런지 물을 보면 유쾌한 생각이 나기보다는 불쾌한 감정이 올라온다. 그것은 어렸을 때부터 물에 여러 번 빠져서 죽을 뻔한 사건들이 많았기 때문이다. 썰매를 타다가 얼음이 깨어져 물속에 들어간 일, 파도에 휩쓸린 일 그리고 사람을 구하려다 물속에 가라앉아 죽을 뻔한 일 등이다. 지금도 그날은 잊을 수 없는 추억이 되었지만, 내가 왜 그때 무모하게 물속에 뛰어들었는지 모르겠다. 그날도 우리 훈련생들과 간사들은 해변가에 가서 신앙 수련회를 하며 서로 복음의 교제를 나누는 시간이 있었다. 나는 물이 깊지 않은 곳에서 수영을 마치고 나오는 길에 한 자매님의 다급한 소리를 듣게 되었다.

"요나 형제! 요나 형제!"

    파도 소리에 그냥 지나칠 뻔했지만, 사람의 목소리가 나의 귓전을 울리는 듯해서 뒤를 돌아보니, 약 100여 미터 정도 떨어진 바다 위에 아는 자매님께서 튜브에 앉아 나의 이름을 부르는 것이었다. 멀리서 명확히 들리지는 않지만, 손을 흔들며 도움을 요청하고 계신 당혹스러운 얼굴과 표정 그리고 손짓을 보았다.

"앗! 이럴 수가"

그분이 앉은 튜브가 바람에 의해 다른 방향으로 떠내려가고 있었다. 팀원들과 간사들은 멀리 보였고, 나의 주변에는 아무도 없었다. 바다 수영을 해 본 적이 없었지만, 사람을 살려야 한다는 생각에 물안경을 차고 물속에 뛰어들었다. 별로 깊어 보이지 않은 줄 알았는데 웬걸 가다 보니 상당히 깊은 수심이라는 것을 점점 알게 되었다. 그렇다고 중간에 다시 돌아갈 수도 없고 모른 체하기에는 너무 멀리 와 버린 것이다. 잔뜩 긴장하고, 힘을 한꺼번에 줘서 가는 도중에 힘이 많이 빠지게 되었다. 겨우 그 자매님이 있는 곳에 도착해서 물어보니, 튜브에 앉아 있다가 바람에 밀려오게 되었다는 것이다.

"잠시만 기다리세요." 거친 호흡을 하며 생각을 가다듬기 시작했다. 어떻게 빠져나가야 하는지 고민을 했지만 달리 방법이 보이지 않았다. 왜냐하면, 한 손으로 튜브를 잡고 다른 한 손으로 헤엄을 쳐서 나올 수가 없었기 때문이다. 더욱이 나는 바다 수영에 초보자였고, 튜브에는 수영을 못하는 사람이 앉아 있었기에 빨리 물 밖으로 나가 주변 사람들에게 도움을 구하는 것 말고는 방법이 없었다.

"제가 나가서 사람들에게 도움을 요청할께요." 나는 호흡을 가다듬기 시작하면서 다시 헤엄을 치기 시작했다. 그런데 이미 힘은 많이 빠진 상태였고, 호흡은 불규칙하였다. 결국, 중간에 나오다가 다리에 '쥐(cramp)'가 났는데, 한쪽 다리가 아니라 양쪽 다리 모두에 경련이 일어났다. 더욱이 호흡이 격해지다 보니 물안경에 물이 차기 시작했고 몸에 힘을 주기 시작하면서 물속으로 가라앉기 시작했다. 정신이 혼미해지면서 갑자기 죽음의 공포가 밀려왔다. 사람이 두려움에 사로잡히면 패닉 상태가 되기도 하는데, 아무리 두려움을 떨쳐 내려고 해도 그 상황에서 어떻게 해야 할지 몰랐다. 그때 내 입에서 튀어나온 본능적인 세 가지 단어를 지금도 기억한다.

"주여!"

"엄마!"

"살려줘!"

결국, 자세는 흐트러졌고 두 팔은 허우적대며 나는 물을 마시며 가라앉게 되었다. 몇 초가 지났을까 이렇게 하다가 죽겠구나하는 생각이 드는 순간 다리 밑에서 뭔가 걸리는 것이 느껴졌다. 정신을 차리고 보니 바로 그 순간 나의 왼쪽 다리가 뾰족하게 튀어나온 바위 위에 걸쳐 있는 것이었다. 물안경을 고쳐 쓰고 바닷속을 바라보니, 그 위치에만 바위가 있었고 나머지는 다 깊은 바다였던 것이다.

"아! 살았다." 깊은 안도의 한숨을 쉬고 나는 물 밖으로 나와 모래 위에 그대로 쓰러졌다. 호흡을 하는데 왜 그리 머리가 아픈지, 몇 분 동안 모래 위에 누워서 몸을 추스르고, 팀원들과 간사들이 모여있는 곳으로 달려갔다. 왜냐하면, 이 사실을 빨리 알리고 사람을 구조해야 했기 때문이다.

"아! 그런데 이게 웬걸"

바다 위에 있어야 할 그 자매님이 팀원들과 이야기를 나누고 있지 않은가? 정말 나의 눈을 의심하게 되었다. 분명 바다 위에서 살려 달라고 한 분이 맞는데 어떻게 나왔는지 이해가 되지 않아 한참 동안 멍하게 서 있었다. 오히려 그분이 나를 보더니 반가운 표정을 지으며 나의 안부를 묻는 것이 아닌가?

"요나 형제! 괜찮아?"

"네,..아니,..어떻게 나왔어요?"

"어,..나도 너무 신기하네. 바람이 반대 방향으로 불어줘서 그냥 나왔어."

"아,...나는 죽을 뻔했는데."

"아이고,..미안해서 어떡해. 도와줘서 고마워."

　　참 기가 막힌 상황이었다. 그분은 바람이 반대로 불어주는 바람에 해안가로 튜브가 밀려와서 자연스럽게 나오게 되었고, 그렇게 살려고 발버둥치고, 두 다리에 '쥐(cramp)'가 나서 경련을 일으키고, 물속에 빠져 물을 마시고 살려달라고 아등바등한 내 모습이 왜 그리 처량해 보이든지. 그런데 하나님이 하시는 방법은 이처럼 너무 쉬울 때가 많은 것 같다. 어쩌면 코로나바이러스로 인해 모든 사람들이 코로나 바다에 빠져 있는 것 같다. 서로 살기 위해, 서로 죽지 않기 위해 코로나 바다 가운데서 최선을 다해 헤엄을 치고, 물안경을 끼고, 마스크를 착용하며 이 코로나 바다에서 나오려고 하지 않는가?
　　물론 나는 죽지 않고 나오기는 했지만, 내가 최선을 다한 노력의 대가치고는 너무나 값비싼 교훈을 얻게 되었다. 하나님께서 도우시고 지키지 않으신다면 내가 하는 그 모든 일이 아무런 의미가 없다는 것을 말이다. 집을 세우고, 성을 지키고, 일찍이 일어나서 늦게까지 일을 하며 수고의 떡을 먹는 것 보다 더 중요한 것은 결국 하나님의 사랑을 받은 자로 살아가는 것이 가장 소중한 선물임을 깨닫게 된다.

"여호와께서 집을 세우지 아니하시면 세우는 자의 수고가 헛되며 여호와께서 성을 지키지 아니하시면 파수꾼의 깨어 있음이 헛되도다. 너희가 일찍이 일어나고 늦게 누우며 수고의 떡을 먹음이 헛되도다. 그러므로 여호와께서 그의 사랑하시는 자에게는 잠을 주시는도다"(시127:1-2)

코로-'나'의 소리

코로나와 광야의 소리

'난세지영웅(亂世之英雄)'이란 말이 있다. 세상이 어지럽고 힘들 때 영웅이 나온다는 의미이다. 그런데 거꾸로 표현하면 '난세지간웅(亂世之奸雄)' 즉 혼란한 세상이면 간특한 영웅이 되기도 한다는 뜻이다. '네가 나의 영광을 짓밟았다(2020년 3월 23일, 규장 출판사)'라는 책을 쓰기 전까지 나는 '내 자신이 거짓 선지자 혹은 십자가의 원수로 살아가는 사역자'라고 생각을 한 적이 결코 없었다. 아마 많은 사역자들이 아래와 같은 생각을 하고 있을 것이다.

"나는 하나님의 영광을 위해서 살고 있어!"

"나는 하나님의 사역을 감당하고 있어!"

"내가 하는 일은 하나님이 기뻐하시는 일이야!"

목회자, 선교사 그리고 사역자로 앞에서 어떠한 모임이나 회중을 이끌어 가는 자리에 있다 보면 정직히 나 자신의 내면과 마음의 동기를 깊이 성찰하기란 하늘에 있는 별을 따는 것보다 더 어려운 것 같다. 예레미야 선지자를 흔히 '눈물의 선지자'라고 말을 한다. 자신의 민족이 바벨론 포로로 끌려갈 것과 여러 재앙들(기근, 전쟁, 전염병)과 심판에 대해 예언한 예레미야는 참으로 많은 사람들에게 미움을 받았다. 아이러니한 것은 그 당시에도 백성들의 눈과 귀를 훔치고, 마음을 미혹한 '거짓 선지자'과의 싸움이 있었다. 예레미야 28장에 보면 거짓 선지자인 '하나냐'가 등장을 해서, 예레미야가 예언한 부분을 정면으로 반박을 한다. 첫째, 바벨론 왕의 멍에를 꺾었다. 둘째, 빼앗긴 여호와의 모든 성전 기구를 이 년 안에 다시 가져 오게 하리라. 셋째, 바벨론으로 끌려간 모든 포로를 이곳으로 돌아오게 하리라.

"만군의 여호와 이스라엘의 하나님이 이같이 일러 말씀하시기를 내가 바벨론의 왕의 멍에를 꺾었느니라. 내가 바벨론의 왕 느부갓네살이 이 곳에서 빼앗아 바벨론으로 옮겨 간 여호와의 성전 모든 기구를 이 년 안에 다시 이 곳으로 되돌려 오리라. 내가 또 유다의 왕 여호야김의 아들 여고니야와 바벨론으로 간 유다 모든 포로를 다시 이곳으로 돌아오게 하리니 이는 내가 바벨론의 왕의 멍에를 꺾을 것임이라 여호와의 말씀이니라 하니라" (렘28:2-4)

그 예언이 참인지, 거짓인지 알려면 그 예언이 '응한 후'에야 진실로 하나님께서 보내신 선지자라는 것을 알게 된다. 거짓 선지자 하나냐는 자신의 예언에 확증을 심기 위해 예레미야 목에 있는 멍에를 꺾어 버리고, '이 년 안에' 이러한 예언이 성취될 것을 강조한다.

"선지자 하나냐가 선지자 예레미야의 목에서 멍에를 빼앗아 꺾고 모든 백성 앞에서 하나냐가 말하여 이르되 여호와께서 이와 같이 말씀하시니라. 내가 이 년 안에 모든 민족의 목에서 바벨론의 왕 느부갓네살의 멍에를 이와 같이 꺾어 버리리라 하셨느니라 하매 선지자 예레미야가 자기의 길을 가니라"

(렘28:10-11)

"하나님이 보내지 않았는데, 하나님이 보냈다고 한다!"

"하나님이 말씀하지 않았는데, 하나님이 말씀하셨다고 한다!"

"평화를 주지 않았는데, 평화를 외치고 있다!"

코로나로 인해 온 세상이 혼란스럽고, 무분별한 정보의 홍수 속에 살아가고 있다. 수많은 이야기들과 동영상들이 여기저기에 떠돌고 있다. 거짓말을 하는 것도 문제지만, 자신이 한 예언의 정당성을 백성들이 믿도록 여호와의 이름으로 예언하는 것을 하나님은 '패역'하다고 하신다. 결국, 거짓 선지자 하나냐는 2개월 뒤에 죽임을 당한다.

"선지자 예레미야가 선지자 하나냐에게 이르되 하나냐여 들으라. 여호와께서 너를 보내지 아니하셨거늘 네가 이 백성에게 거짓을 믿게 하는도다. 그러므로 여호와께서 이와 같이 말씀하시되 내가 너를 지면에서 제하리니 네가 여호와께 패역한 말을 하였음이라. 네가 금년에 죽으리라 하셨느니라 하더니 선지자 하나냐가 그 해 일곱째 달에 죽었더라" (렘28:15-17)

하나님은 하나님의 방법대로 하나님의 뜻을 이루시는 분이다. 열왕기상 22장에 유다의 여호사밧왕과 이스라엘의 아합왕 사이에 있었던 사건을 우리는 잘 알고 있다. 그때 당시 바알을 섬기고, 하나님의 음성을 듣지 못한 눈 멀고 귀가 멀었던 거짓 선지자 사백 명의 '길한 예언'을 들었던 여호사밧은 이스라엘 왕에게 이 선지자들 말고 물을 만한 다른 선지자가 없는지 물어보았다.

그때 언급된 선지자가 바로 '미가야' 선지자였다. 자칭 사백 명의 선지자들은 이스라엘의 아합왕과 유다의 여호사밧왕 앞에서 길르앗 라못에 올라가 그 성읍을 차지하게 될 것을 하나님의 이름으로 예언하고 있었다. 또한, 선지자 미가야를 부르러 간 사신은 미가야에게 좋은 분위기를 깨지 말라고 협박을 한다.

"미가야를 부르러 간 사신이 일러 이르되 선지자들의 말이 하나 같이 왕에게 길하게 하니 청하건대 당신의 말도 그들 중 한 사람의 말처럼 길하게 하소서"
(왕상22:13)

그러나 미가야는 하나님께서 내게 말씀하신 것 곧 그것을 전하겠다고 하며, '천상 회의'에서 벌어지고 있는 놀라운 광경을 선포한다.

"미가야가 이르되 그런즉 왕은 여호와의 말씀을 들으소서. 내가 보니 여호와께서 그의 보좌에 앉으셨고 하늘의 만군이 그의 좌우편에 모시고 서 있는데, 여호와께서 말씀하시기를 누가 아합을 꾀어 그를 길르앗 라못에 올라가서 죽게 할꼬 하시니 하나는 이렇게 하겠다 하고 또 하나는 저렇게 하겠다 하였는데 한 영이 나아와 여호와 앞에 서서 말하되 내가 그를 꾀겠나이다"
(왕상22:19-21)

"정말 천상 회의에 참석을 해서 하나님의 뜻을 이 땅에 선포하고 전하는 참된 선지자들이 얼마나 있을까?"

"혹시 나의 목적과 이득을 위해 하나님의 이름을 이용하며 시대의 조류에 편승하고 있는 거짓 선지자의 모습이 내 모습은 아닐까?"

하나님은 아합왕을 죽이기로 하시는데, 한 '영(a spirit)'이 나가서 '거짓말하는 영(a lying spirit)'이 되어 모든 선지자의 입에 있겠다는 것이다. 그들이 선포하고 예언한 것이 거짓말이 되어 아합왕이 길르앗 라못에 올라가도록 부추기겠다는 것이다. 시대가 요란할수록 '거짓 선지자'들이 많고, '참 선지자'들은 항상 그 수가 적었다.

왜냐하면, 사람들은 자신들이 듣기에 '좋은 소리', '복된 소리' 그리고 '듣고 싶어하는 소리'를 원하기 때문이다. 이스라엘의 아합왕도 그런 흉한 예언이 마음에 쓰였나 보다. 유다왕 여호사밧에게는 왕복을 입으라 하고, 자신은 변장을 하고 전쟁터로 나간 것을 보면 그래도 마음 속으로는 찜찜했던 것 같다. 그러나 옷을 변장한다고 주님의 뜻이 무산되지는 않기에, 우연히 쏜 화살에 아합왕이 부상을 당하고 그는 결국 죽어서 상처의 피가 흘러 병거 바닥에 고이게 되었다. 하나님께서 디셉 사람 엘리야에게 이미 말씀하신 대로 그 약속을 이루어 내신다. 아합왕은 이미 죽어 그의 시체를 메어 사마리아에 이르러 왕을 장사하게 되는데, 그 병거를 사마리아 못에서 씻으매 개들이 그 피를 핥았다.

"왕이 이미 죽으매 그의 시체를 메어 사마리아에 이르러 왕을 사마리아에 장사하니라. 그 병거를 사마리아 못에서 씻으매 개들이 그의 피를 핥았으니 여호와께서 하신 말씀과 같이 되었더라. 거기는 창기들이 목욕하는 곳이었더라" (왕상22:37-38)

"시대가 혼탁할수록 거짓 선지자들의 말을 듣지 말고 조용히 광야로 나아가라!"

"코로나로 무기력함에 빠질수록 일어나 광야로 나아가라!"

"수많은 거짓과 가짜 정보로 마음이 흔들릴수록 올곧게 광야로 나아가라!"

"앞이 보이지 않은 답답한 상황일수록 더욱 광야로 나아가라!"

"왜냐하면, 진짜 하나님의 말씀과 인도하심은 하늘의 입김이 불어오는 광야에 있기 때문이다!"

코로나 바이러스 누구의 책임인가?

2019년 말 중국 후베이성 화난 수산물 시장에서 발생이 된 것으로 알려진 '코로나(COVID-19)'로 인해′ 우리의 일상은 참으로 많은 제약을 받아왔다. 처음 이 바이러스가 출현한 뒤로부터 지금까지 수많은 매체와 미디어 그리고 SNS에서는 "누가 이 바이러스를 만들었는가?" 하는 음모론에서부터, 많은 가짜 뉴스와 거짓 정보들로 인해 한동안 혼란이 지속된 것 같다.

"코로나 바이러스로 인해 나의 일상의 삶이 제한을 받아야 하는가?"

"코로나 바이러스는 누가 책임을 져야 하는가?"

"도대체 하나님은 무엇을 하고 계시는가?"

우리는 어떠한 어려움이나 이해할 수 없는 사건을 경험하게 되면 그 원인을 찾아보기도 하고, 이 세상을 창조하신 하나님께 책임을 묻기도 한다. 왜냐하면, 우리가 할 수 있는 방법이 딱히 없어 보이기 때문이다. 어느 누구도 이 부분에 대해 속 시원한 대답을 하기에는 참 쉽지 않은 부분이 있는 것 같다.

그러나 우리가 신앙인으로 분명히 믿고 고백하는 것이 있다면 '모든 일에는 결코 우연이 없다'라는 것이며, 하나님은 지금도 모든 만물을 능력의 말씀으로 붙드시고 통치하고 계심을 믿는 것이다.

최근에 본 '다큐 인사이트(바이러스 전쟁 2부작)'에 나오는 내용 중에 참 인상적인 부분이 있었다. 지금까지 살면서 여러 바이러스 이름을 들어보기는 했는데, '니파 바이러스(Nipah virus)' 이름은 처음 들었다. 1998년 말레이시아 '니파(Nipah)'라는 지역에서 발병한 것인데, 그 바이러스에 전염이 되면 구토와 고열 그리고 정신 착란 같은 신경계가 손상이 된다고 한다. 그런데 그 니파 바이러스(Nipah virus)의 감염 경로를 역추적하면서 알게 된 사실은 그 바이러스에 걸린 사람들이 '양돈장(주: 돼지를 사육하는 곳)'에서 일을 한 것이다. 결국, 양돈장은 폐쇄가 되고 그 당시 100만이 넘는 돼지들이 살처분이 되었다. 여기서 끝인 줄 알았는데, "왜 니파 바이러스가 양돈장에서 일하는 사람에게까지 전파가 되었을까?"하는 의문점이 있었다.

조사를 해 보니 그 밀림 지역에서 양돈장을 짓기 위해 나무를 자르고, 벌목을 한 것이다. 결과적으로 그 서식지에 거주하며 과일을 먹으며 살았던 과일박쥐들은 자신들의 거처를 잃게 되었고, 먹을 것을 찾게 된 것이 바로 '망고'였다고 한다. 아이러니하게도 양돈장을 하는 사람들이 망고를 같이 재배했는데, 자신들의 생활터를 잃은 박쥐들이 망고를 먹고, 그 망고 껍질을 양돈장에 떨어뜨린 것이다. 물론, 그 망고 껍질에는 박쥐의 침과 오줌이 묻어 있었다. 양돈장에 있었던 돼지들은 그 망고 껍질을 먹었고, 시장에 판매가 되어, 결국 인간에게까지 흘러온 것이다.

"니파 바이러스(치사율 58%)는 누구의 책임일까?"

"서식지를 잃고 망고를 먹은 박쥐들의 책임인가?"

"아니면 양돈장을 짓기 위해 밀림에 있는 나무를 베고 벌목을 한 사람들의 책임인가?"

"아니면 니파 바이러스의 숙주가 된 돼지들의 책임인가?"

"아니면 니파 바이러스 확산을 제대로 막지 못한 정부의 책임인가?"

코로나바이러스 사태로 인해 '집콕(주: 집에 콕 박혀 있다는 말의 의미)'하는 사람들이 늘어나면서 집에서 하는 여러 가지 다양한 취미 활동들이 늘어났다고 한다. 그중에서도 전염병과 관련된 영화를 보며 현재 상황을 이해하려는 사람들이 있었다고 하는데, 2011년 9월에 개봉한 '컨테이젼(Contagion)'이라는 영화가 최근까지 인기라고 한다.

오래전에 보았던 영화지만 스토리가 흥미로워서 기억에 많이 남는 영화였다. 오늘날 일어나고 있는 코로나바이러스 사태가 그 영화에서 이야기 한 부분과 참 유사한 부분이 많았기 때문이다. 영화의 첫 시작은 홍콩에 출장을 갔다가 바이러스에 감염이 되어 집으로 돌아온 여자가 죽는 것으로 시작이 되는데, 그 영화를 보면서 '도대체 이 바이러스가 어디서부터 시작이 되었을까'라는 궁금증을 가지며, 마지막까지 보게 되었다. 놀랍게도 홍콩에 출장 갔다가 바이러스에 감염되어 죽은 최초의 감염 원인은 박쥐가 바나나를 물고 가다가 돼지우리에 떨어뜨렸는데 그것을 먹은 돼지는 도축이 되어서 레스토랑 주방까지 왔고, 주방장이 요리를 하기 위해 돼지를 손질하다가 고객과 악수를 하기 위해 앞치마에 손을 닦고 최초 감염자와 악수를 하는 것이 원인이 되었다.

"코로나 바이러스는 누구의 책임인가?"

"전체 포유류의 1/4을 차지하고 자신들의 서식지를 찾아 수천 킬로를 떠나는 박쥐들의 책임인가?"

"아니면 잘 먹고 잘 살기 위해 온갖 야생 동물을 산 채로 도살하며, 거래하며, 판매하는 인간들의 책임인가?"

"코로나바이러스 사태를 보면서 우리 인간의 무능함과 오만함을 보게 된다!"

"코로나바이러스 사태를 보면서 우리 인간의 끝없는 욕망과 탐심을 보게 된다!"

"코로나바이러스 사태를 보면서 우리 인간의 잔인함과 집단적 이기주의를 보게 된다!"

"코로나바이러스가 터진 것이 누구의 책임입니까?"라고 묻는다면 '인수 공통 모든 전염병의 열쇠'의 저자이신 데이비드 쾌먼(David Quammen) 박사의 말을 인용하고 싶다.

"코로나 사태는 단순히 우리에게 일어난 일이 아닙니다. 우리가 한 일들이 반영된 결과입니다. 그러므로 코로나바이러스는 우리 모두의 책임입니다! 우리 인간들이 선택하고, 소비하고, 생산한 방식들이 이런 결과를 가지고 온 것입니다."라는 그분의 말에 나는 전적으로 동의를 한다. 왜냐하면, '하나님의 소리'를 듣지 않고 내가 왕이 되어 내가 원하는 삶을 살기 위해 수천년 동안 인류가 발전하고, 바벨탑을 쌓은 결과를 오늘 우리가 목도하고 있기 때문이다.

배트킹과의 인터뷰

대담자: 최요나 선교사, 배트킹(주: 박쥐들의 왕)

박쥐 졸개: "대왕님! 대왕님! 큰일 났습니다."

베트킹: "무슨 일인데, 그리 호들갑이냐."

박쥐 졸개: "지금 온 지구가 난리입니다."

베트킹: "왜? 메시야가 이 땅에 재림이라도 했단 말이냐?"

박쥐 졸개: "아니 그게 아니라, 지금 코로나 바이러스로 인해 전 지구적으로 수 많은 사람들이 죽었고, 고통을 받고 있다는 소식입니다."

배트킹: "그런데, 그게 우리랑 무슨 상관이 있느냐? 너는 신경 쓰지 말고 너 할 일이나 해라."

박쥐 졸개: "이게 보통 사건이 아니랍니다. 더욱이 언론에서 이 코로나 바이러스를 전파한 것이 우리 박쥐들 때문이라고 합니다."

배트킹: "아니 왜 가만히 있는 우리를 가지고 공격을 해? 우리는 창조된 피조물로서 순리대로 살아가고 있는 포유류 짐승들일 뿐인데 말이야."

박쥐 졸개: "제 말이 그말입니다. 왜 우리를 희생양으로 삼으려는지 모르겠습니다. 그래서 대왕님께서 한번 우리 박쥐들을 대표해서 인터뷰를 하면 어떨까 싶습니다."

배트킹: "나보고 인터뷰를 하라고? 잘못한 것도 없는데 굳이 인터뷰를 할 필요가 있는가?"

박쥐 졸개: "이번 코로나바이러스 사태의 주범이 박쥐인지 인간인지 알고 싶다고 인터뷰를 요청해 왔습니다."

배트킹: "누가 나에게 인터뷰를 요청했단 말인가?"

박쥐 졸개: "네,..이스라엘 최요나 선교사라고 합니다."

배트킹: "인간 세상은 참 이상하구만,..무슨 곤란한 문제만 생기면 꼭 우리를 희생양으로 삼는단 말이야. 잘못은 본인들이 해 놓고, 꼭 우리에게 뒤집어 씌우는 것은 2,000년 전이나 지금이나 똑같구만."

　　박쥐 대왕은 수천 킬로를 날아 인터뷰 장소에 도착을 했다.

요나: "먼 길 까지 와 주셔서 감사합니다."

배트킹: "앞으로 이런 일로 나를 부르지는 마시오."

요나: "지금 상황이 상황인지라, 꼭 만나서 인터뷰를 하고 싶었습니다."

배트킹: "코로나바이러스 사태로 전 지구적으로 인간들이 죽임을 당하고, 여러 가지 어려움이 있다는 이야기를 들었소."

요나: "네, 코로나바이러스로 인해 우리의 모든 일상이 멈추고, 상상치도 못할 여러 가지 어려움들이 가정과 사회와 직장과 모든 영역에 침투를 했습니다."

배트킹: "나도 대충 듣기는 했소만, 근데 그게 우리랑 무슨 상관이 있다는 말이요?"

요나: "그럼 아무 상관이 없다는 말씀입니까? 코로나바이러스를 퍼뜨린 주범으로 '박쥐'가 자주 언급이 되고 있는 것을 모릅니까?"

배트킹: "우리가 모든 바이러스의 주범이란 말이요?"

요나: "박쥐에게서 옮겨진 바이러스가 제가 알기론 사스, 메르스, 에볼라, 니파, 헨드라, 광견병 그리고 코로나바이러스 라고 알고 있습니다. 어떻게 관계가 없다고 말을 할 수 있습니까?"

배트킹: "요나 선교사는 우리 박쥐들에 대해서 알고 이런 질문을 합니까?"

요나: "박쥐들에 대해서는 잘 모릅니다만, 바이러스를 퍼뜨린 주범은 맞지요?"

배트킹: "전 지구적으로 바이러스가 몇 종인지 아시오?"

요나: "글쎄요?"

배트킹: "전체 바이러스가 6,000여종이 있는데, 그 중 사람에게 병을 유발시키는 바이러스는 1%도 안되지요."

요나: "그렇게 바이러스가 많습니까?"

배트킹: "원래 인수공통 감염병이라는 것이 동물로부터 인간에게 전염이 되는 병인데, 60-70%가 야생 동물을 통해 유발되는 거요. 그 말의 뜻은 인간과 동물의 경계가 허물어지고, 동물들이 사는 영역이 사라짐으로 인해 사람과 야생 동물과의 접촉이 급속도로 많아졌다는 뜻이요."

요나: "그래서요? 그 말은 우리 인간들이 야생 동물들을 사냥하고, 산채로 도살하고, 거래하고, 판매하려는 욕심에서 비롯되었단 말입니까?"

배트킹: "우리 박쥐들은 설치류가 아니라 젖을 먹이는 포유류라는 것을 알고 있소? 집단적으로 군락을 이루어 함께 생활하는 포유류인데, 전체 포유류의 1/4을 차지하지요."

요나: "그렇게 많은 %을 차지하는지 몰랐습니다. 포유류라니, 놀랍네요."

배트킹: "창조주는 우리 박쥐들을 만들 때 우리 몸에 독특한 선물을 심어 주셨소. 그래서 우리는 바이러스에 걸리지 않고 지금까지 살아 올 수 있었소."

요나: "그게 뭡니까?"

배트킹: "우리 몸에는 항바이러스제로 알려진 '인터페론'이라는 특별한 면역 체계 덕분이요. 보통 바이러스, 박테리아, 기생충 같은 외부의 침입자들이 들어오면 거기에 맞서 항바이러스 작용을 하는데 바이러스 복제를 억제하는 역할을 하는 거요. 그런데 신기하게도 우리 박쥐들은 병원균에 감염이 안되어도 세포에서 지속적으로 '인터페론'이 만들어진다오. 신기한 것은 면역 반응의 과다 활성화로 조직이 손상되거나 바이러스 감염에 부정적인 영향이 없다는 것이 우리의 큰 특징이요."

요나: "하...세상에! 참 놀라운 구조네요. 우리 사람들은 외부의 바이러스에 의해 감염이 되어야 '인터페론'이 생성이 되고, 몸에 온도가 올라가야 면역계가 작동을 하는데요."

배트킹: "또 한 가지가 더 있소."

요나: "그게 뭡니까?"

배트킹: "우리는 밤에 최대 350km 이상 비행을 하오. 당연히 많은 에너지가 필요로 하기 때문에 비행 중에는 체온이 40도 이상 상승이 되지. 그래서 발

열 그 자체가 면역 반응이라 바이러스를 막는데 도움이 된다네."

요나: "와~ 세상에"

배트킹: "독일 에를랑겐 뉘른베르크대학교 라이프니츠 야생 생물 연구 센터 연구팀이 이런 연구를 발표한 것이 있다네. 우리 박쥐들이 이 지구 생태계에 필요한 이유를 다음과 같이 2가지로 설명을 했는데 들어보게. 첫째는, 박쥐들이 먼 거리를 여행하며 배설물을 퍼뜨리는데, 그것이 많은 열대 지방의 자연 재조림의 역할을 하는 것이라네. 열대 우림 식물의 종자를 주변으로 확산시켜 자연 산림 재생을 촉진할 수 있다는 뜻이네. 둘째는, 병해충을 우리 박쥐들이 지키고 있는 것이네. 박쥐로 인해 여타 해충에 의한 질병 예방 및 작물 생산성 향상과 살충제 사용 감소를 가지고 온다고 발표를 했네."

요나: "참 몰랐던 것을 오늘 많이 알게 되는 군요."

배트킹: "자네는 이 지구상에 있는 모든 박쥐들을 다 죽이면 바이러스가 없어질 것이라 생각하는가?"

요나: "그렇게 생각한 적은 없습니다."

배트킹: "창조주께서 사람을 하나님의 형상으로 만들지 않았는가? 머물 경계를 정하시고 인종과 나라를 세우셨다고 들었네. 우리 짐승들도 종류대로, 가축들도 종류대로, 땅에 기는 모든 것들도 다 종류대로 만드셨지. 또한, 땅의 모든 짐승과 하늘의 모든 새와 생명이 있어 땅에 기는 모든 것도 창조의 질서와 경계선 안에서 살도록 아름답게 하셨지. 그렇지 않은가?"

요나: "아니,..성경을 아십니까?"

배트킹: "시간이 많이 갔으니 내 이 한 마디만 하고 나는 집으로 돌아가겠네. 코로나바이러스를 퍼뜨린 주범은 우리 박쥐들이 아니라, 아담 이후 지금까지 인류가 존속하고 발전해 오면서 저지른 수많은 전쟁, 폭력, 살인, 방화, 약탈, 산업 혁명, 금광 채굴, 산림 훼손과 벌목, 해양 오염과 쓰레기, 공해, 초밀집 공장들의 사육과 판매 등 하나님이 만들어 놓으신 이 아름다운 생태계의 경계선이 무너지고, 인간들의 욕심과 오만과 극단적 이기심에 눈이 멀어 오늘의 결과가 나왔다고 나는 생각하네. 나는 이것이 하나님께서 인간들에게 내리신 심판의 결과라고 단정 지을 수는 없네만, 적어도 일말의 양심이 있으면 남 탓, 내 탓 그만하고 자신의 삶을 정직히 말씀 앞에 비추어 보면 살길이 보일 것이네."

요나: "코로나바이러스가 언제 끝이 날 것 같습니까?"

배트킹: "그걸 왜 나한테 묻나? 아무도 모르는 일이네. 지난 100년간 최소 543종의 육지 척추동물이 사라진 것으로 추산을 한다네. 향후 20년 내에 비슷한 수의 종들이 멸종할 것으로 미국 국립 과학원 회보에서 예상을 하고 있다네 (출처: 미국 국립 과학원 회보, 2020년에서 인용)."

배트킹: "지금 코로나바이러스 백신이 만들어져서 나오고 있는데 또 다른 변이 바이러스가 출현하면 그때는 어떡 할텐가? 또 다시 백신 만들고, 몇 년 뒤에 다른 바이러스 출현하고, 또 다시 백신 만들고 하면 이 지구는 더 이상 인류가 살 수 없는 곳이 된다네."

요나: "인류의 역사는 전염병의 역사네요. 오늘의 일은 결코 우연이 아니라, 결국 우리 인간들이 그동안 무엇을 생각하고, 무엇을 선택하고, 무엇을 소비했는지 그 결과를 오늘 보는 것 같습니다."

배트킹: "그나 저나...자네도 고생이구만."

요나: "박쥐들의 변명이라는 제목으로 이 대담 내용을 보낼려고 하는데, 괜찮지요?"

배트킹: "제목이 영 마음에 안드네. 박쥐들의 변명이 아니라, 내가 볼 때는 '인간들의 변명' 같구만! 제발 인간들이 코로나로 인한 변명, 핑계, 합리화 그리고 회피하는 못된 습성을 버리면 좋겠어. 더욱이 하나님께 원망과 비난은 하지 말아야지."

요나: "귀한 시간 내 주셔서 감사합니다."

배트킹: "일 없네~마스크 끼고 인터뷰 했으니 바이러스가 옮기지는 않았을 걸세. 껄껄껄!"

요나: "할. 렐. 루. 야!"

이렇게 박쥐들의 왕인 '배트킹'과의 인터뷰를 무사히 마치게 되었다.

대마왕의 지옥 선교 전략 회의

코로나바이러스가 발생을 한지 6개월이 지났을 무렵, '대마왕(주: 마귀 대왕)'은 온 땅에서 충실히 사역을 감당하고 있는 자신의 졸개들을 '마왕궁(주: 마귀들의 회의 장소)'으로 급하게 호출을 했다. 앞으로 코로나바이러스 사태로 인해 '지옥 선교 전략'을 급하게 점검도 하고, 앞으로 나아가야 할 사역 방향에 대해 리더들의 의견을 구하고자 한 것이다. 물론, 자신들은 코로나바이러스에 감염이 되지 않은 존재들이라, 대면 회의를 진행했다.

마귀 졸개 1: "소식 들었어? 마왕님께서 온 땅에서 사역을 하고 있는 리더들을 호출했다고 하네."

마귀 졸개 2: "그러게 말야. 도대체 무슨 일이래?"

마귀 졸개 1: "최근 전 지구적으로 코로나바이러스 사태로 인간들이 고통을 받고 있다고 하는데."

마귀 졸개 2: "거 참 듣던 중 반가운 소리구먼. 이것이 우리에게 복음이 아니고 무엇인가?"

마귀 졸개 1: "하하하, 인간들이 고통을 받고, 하나님을 욕하고 저주하며, 불평하다가 우리랑 영원히 지옥 불에 들어가는 것만큼 기쁜 소식은 없지. 암 그렇고 말고!"

마귀 졸개 2: "복음이라는 말을 우리 대마왕님은 아주 싫어하시니 삼가 조심하시게."

　　전 지구에서 대마왕의 부르심을 받아 충실히 '지옥 사역'을 감당하고 있는 전 세계 리더들이 마왕궁에 도착을 하였다. 이 모임에 참석하기 위해서는 몇 가지 기준이 있다고 한다. 첫째, '지옥 제자 훈련'을 6개월 해야 한다. 물론, 3개월은 '영혼 타락 훈련'이라고 해서, 각 나라로 흩어져 도시와 지역에 파송을 받아 불신자들의 영혼을 이 세상의 정욕과 안목의 정욕과 이생의 자랑으로 타락시키고, '자칭 신자'라고 하는 교회 다니는 사람들의 마음을 미혹하게 해서 이간질하는 사역을 감당해야 한다. 둘째, '지옥 행렬 컨퍼런스'를 매년 마다 참석을 해야 하는데, 매년 마다 1,000명 이상 사람들을 지옥에 보내어 마왕님의 칭찬과 상급을 받아야 한다. 셋째, 지옥 사역의 경험이 적어도 30년 이상이 된 아주 헌신 되고 충실한 사역자여야 한다. 넷째, 이 세상의 유일한 군주이자, 어둠의 제왕인 대마왕을 온 마음과 뜻과 정성을 다해 숭배하며 목숨을 바쳐야만 리더의 자리로 올라간다.

대마왕: "모두 다 모였느냐?"

대마왕 비서실장: "네! 다 모였습니다."

중동 대표: "그런데 무슨 일로 부르셨는지요?"

유럽 대표: "대마왕님의 얼굴 표정을 보니 무슨 좋은 소식이 있으신가 봅니다."

대마왕: "하하하, 나 살다 살다 이렇게 기쁜 일이 있으니 너희들을 불렀다."

오세아니아 대표: "혹시, 최근에 벌어지고 있는 바이러스 사태가 아닌지요?"

대마왕: "코로나바이러스라고 너희들도 들어보았지? 이 바이러스 사태로 수많은 사람들이 죽고 있는 모습을 보니 내가 너무나 신이 나서 견딜 수가 없네. 하하하!"

마귀 리더들: "짝짝짝, 참으로 감축드립니다. 대마왕님! 드디어 수 천년 동안 우리가 꿈꿔 왔던 일들이 이루어지겠네요."

대마왕: "각 나라 별로 사역 현황을 보고해라."

각 나라 별로 사역을 하는 대표 리더들은 자신들이 그동안 얼마나 대단한 사역을 했는지 일일이 보고를 하였다.

대마왕: "앞으로 코로나바이러스 사태를 잘 활용을 해야 나라와 나라끼리 전쟁을 하고, 수많은 사람들을 죽여서 지옥으로 끌고 갈 수 있으니, 앞으로 '지옥 선교 전략'을 어떻게 짜야 할지 좋은 생각들이 있으면 나누어라."

유럽 대표: "유럽 사람들은 마스크 문화가 아닙니다. 그래서 자유를 달라고, 인권을 보호해 달라고 사람들의 마음을 충동질하게 해서 마스크를 벗고 다니게끔 하겠습니다. 그래서 코로나바이러스가 계속 퍼지도록 해서 가정과 학교를 파괴하고, 유럽에 사는 모든 사람들과 문화들을 완전히 박멸시키겠습니다."

대마왕: "좋아~아주 좋아!"

중동 대표: "코로나바이러스가 높은 온도에는 감염이 안된다고 사람들이 믿고 있으니, 이런 거짓 된 정보들을 계속 흘려서 중동에 사는 사람들도 계속 감염이 되도록 하겠습니다. 특히, 중동 지역에 사는 여러 나라들은 각 종교와 종파 싸움에 목숨을 겁니다. 특히, 종교적으로 무척 민감한 나라들이 많으니 정치인들의 탐욕과 욕심을 부추겨서 끊임없이 정쟁하고, 나라들 끼리 서로 원수가 되어 '종교 전쟁'을 일으켜 테러하도록 하겠습니다."

대마왕: "좋아~아주 좋아!"

아시아 대표: "코로나바이러스가 중국에서 만들었다고 하는 음모론에서부터, 여러 가짜 뉴스들을 인터넷과 SNS에 퍼다 올리도록 열성분자들의 마음을 이용하겠습니다. 무엇이 사실인지, 가짜인지 모른채 늪에 빠져 숨을 거두도록 언론과 모든 미디어 시장을 장악해 버리겠습니다. 특히 온라인에 올라와 있는 수많은 가짜 정보의 홍수 속에 갈 길을 잃어버리도록 하겠습니다."

대마왕: "좋아~ 아주 좋아!"

오세아니아 대표: "코로나바이러스 걸리면 죽는다는 공포심을 더욱 유발하겠습니다. 사람들은 두려우면 본능적으로 음식을 사재기하고, 서로 총질하는 것이 본성이니, 살려고 하는 인간적인 본능을 끊임없이 자극하게 해서 서로 미워하고 저주하며, 싸우도록 부추기겠습니다. 특히 총기 살인과 인종 차별적인 흑백의 갈등을 정치적으로 잘 활용해서 국론을 분열시키고, 나라가 혼란스럽게 정치인들의 탐욕과 욕심을 건드리겠습니다."

대마왕: "기가 막히는구만! 아주 좋아!"

미주 대표: "여기는 워낙 땅도 크고, 다양한 인종들이 모여 사는 곳입니다. 이 코로나 사태를 정치적인 문제로 둔갑을 시켜 사람들의 눈과 귀를 가리고, 눈을 어둡게 하겠습니다. 정치적인 색깔론을 입혀서 '프레임 싸움'에 빠져 살도록 인간들의 마음을 훔치겠습니다. 그리고 워낙 개인적인 삶의 프라이버시를 중요하게 생각하는 문화이니, 철저히 개인적으로, 이기적인 모습으로 살도록 옆에서 부추기겠습니다."

대마왕: "굿 아이디어! 인종 간의 장벽과 증오심도 100% 활용하도록 해."

남미 대표: "코로나바이러스로 인해 실업자가 폭증을 하고 공장 가동이 멈추고 생필품 가격이 오르고 하니, 사람들이 못 살겠다고 데모하도록 폭력을 조장하고, 테러를 감행해서 사회를 어지럽히겠습니다. 그래서 사람들이 바로 악마라는 사실을 알게끔 끔찍한 살인과 테러와 방화와 약탈을 일삼도록 분열을 시키겠습니다."

대마왕: "역시, 내 충실한 부하들이야. 이렇게 훈련이 잘되었어. 하하하"

대마왕: "그런데, 한국 상황은 좀 어떤가? 내가 꼭 마음에 걸리는 나라가 있는데 그게 한국이란 말이야."

한국 대표: "마왕님! 한국도 코로나로 인해서 무척 힘들고 어려운 상황을 보내고 있습니다."

대마왕: "누가 그걸 몰라서 물어? 나는 한국이 망하고, 한국 교회들이 문을 닫고, 선교에 완전히 실패하는 그런 광경을 보고 싶어서 그래. 무슨 좋은 전략이 없을까?"

한국 대표: "마왕님! 걱정하지 마십시오. 지금 한국은 미래가 없습니다. 교회는 문을 닫고, 실업자는 폭증하고, 중소 영세업자들은 먹고 살 방법이 없어서 죽을려고 하지요. 코로나바이러스 사태 이후에 한국 사람들은 원인 규명에다, 거짓말에 가짜 뉴스에 현혹되고 있습니다. 정치꾼들과 모사꾼들에 의해 조정 당하고, 이리저리 갈 길을 찾지 못해 놀아나고 있습니다. 더욱이 저희들이 심어둔 가짜 정보원들이 충실하게 역할을 감당하고 있고, 가짜 선지자들을 교회 곳곳에 심어두어 사람들의 눈과 귀를 막고 있습니다. 특히, 한국 사람들은 '흑백 논리'에 아주 치명적이죠. 거기에 '정치적인 색깔론'까지 입혀서 마음을 분열시키면 완전 '따봉'입니다!"

대마왕: "하하하,..역시 내 충실한 부하야, 한국 사람들은 참 멍청해."

한국 대표: "그럼요. '냄비 근성'을 잘 활용하면 되고, 더욱이 진영 논리에 아주 취약해 눈이 있어도 보지 못하고, 귀가 있어도 듣지 못하는 사람들입니다. 다른 의견을 가진 사람들의 이야기를 아예 들으려고 하지 않고 귀를 막아 버

리죠. 내 생각만이 최고요, 내 의견만이 가장 옳다고 믿는 아주 독특한 믿음 체계를 가지고 있는 민족입니다. 대면 예배가 옳으니, 비대면 예배가 옳으니, 모여서 예배해야 하니 말아야 하니,..이렇게 정말 중요한 본질을 놓치고 서로 물고 뜯고 싸웁니다. 서로 끝도 없이 '이념'과 '정쟁'으로 색안경을 끼고 싸우도록 계속 충동질을 하고 있습니다. 그렇게 하다 보면 서로 마음이 상해서 가족들과도 이야기를 하지 않고, 교회 목사들과 성도들도 깨지고 교회를 떠나는 일도 발생을 하니 얼마나 좋습니까?"

대마왕: "그런데 말이야, 내가 한국 하면 신경 쓰이는게 하나가 있어."

한국 대표: "네 그게 뭡니까?"

대마왕: "지금 몇 명의 선교사들이 한국에 들어와 있지?"

한국 대표: "네 그렇습니다. 해외에서 귀국한 선교사 가정들도 있고, 선교사로 나가기 위해 준비하다가 코로나 사태로 인해 나가지 못하고 한국에 머물러 있는 가정들도 있습니다."

대마왕: "이 선교사들이 문제야. 이 사람들이 기도하고 예배하고 중보자의 자리에 나가지 못하도록 막아야 해. 선교사들의 무릎이 약해지도록 하는 무슨 좋은 전략이 없을까? 가정이 깨어지게끔 하는 최고의 전략이 없을까?"

중동 대표: "후원자들의 마음을 강퍅하게 해서 후원을 끊어버리게 하면 어떨까요?"

오세아니아 대표: "재정의 압박을 주고, 자녀들의 진로를 방해하면 어떨까요?"

미주 대표: "건강을 해치고, 코로나에 걸리게 해서 사역을 방해하면 어떨까요?"

남미 대표: "한국에 살 집이 없어서 가족들과 떨어져 지내기도 하고, 선교관에 몇 개월씩 머물기도 한다는데, 집을 구하지 못하도록 떠돌이 생활을 오래하게 하면 힘들지 않을까요?"

대마왕: "음,.좋은 생각이기는 한데 뭔가 2% 부족해. 그들의 '숨통'을 끊어버릴 딱 한방이 필요한데 말이야."

한국 대표: "마왕님! 좋은 생각이 있습니다."

대마왕: "그래 말해봐라."

한국 대표: "선교사들은 어차피 기도하고, 예배에 목숨을 건 자들입니다. 후원이 끊긴다고 포기할 사람들도 아니고, 집이 없다고, 건강 때문에, 코로나 때문에 그들은 자신들의 사명을 포기할 사람들은 아닐 겁니다."

대마왕: "그래 내 말이!"

한국 대표: "어차피 우리는 거짓말의 달인들 아닙니까? 그래서 선교사들 마음에 거짓말의 씨앗을 계속 뿌리면서 아담과 하와를 미혹했듯이, 하나님의

성품을 계속 왜곡시키고, 거짓된 정보를 뉴스와 인터넷에 뿌리고, 무엇이 참인지, 거짓인지 모르도록 합시다. 그리고 헛된 꿈을 꾸게 하고, 거짓 선지자들의 말을 듣게 해서 가랑비에 옷이 젖는다고, 점점 하나님과의 친밀한 교제에서 이탈하도록 부추기면 선교사 가정도 깨어지고, 아이들은 스마트폰에 중독이 되고, 부부는 하나가 되지 못하므로 기도의 자리에 예배의 자리에 나아가지 못할 겁니다. 끊임 없이 의심과 두려움을 심어주어 하나님이 그들의 하나님이 아니라, 이 땅을 지배하고 있는 코로나를 더 주목하고 바라보게끔 하면 어떨까요?"

대마왕: "하하하,.참 잘하였도다. 착하고 충성된 나의 종아 내가 네게 큰 상을 내리겠노라."

대마왕: "내가 지금부터 교회를 말살하고, 코로나 시대에 하나님의 영광을 짓밟을 10가지 계명을 알려 줄테니 이것을 전 지구적으로 널리 알리고, 미디어와 SNS에 퍼뜨리도록 해라."

마귀 졸개들: "네! 마왕님 명령만 내리십시오."

　　대마왕은 다음과 같이 10가지 특명을 각 마귀 졸개들이 사역하는 지역과 나라에 급전을 보냈다.

　　첫 번째, 지금은 성령의 시대라 하지 말고, 코로나 시대라고 계속 홍보해라! 왜냐하면, 하나님은 죽었으니 말이다.

　　두 번째, 하나님이 코로나를 퍼뜨린 주범이라 속이고, 하나님은 지금도 일하고 있다는 것을 믿지 못하게 하라!

세 번째, 한국 교회와 다음 세대는 살 소망이 없다고 성도들 스스로 패배주의와 무력감에 빠지게 하라!

네 번째, 코로나 걸리면 죽는다고 두려움을 계속 심어 주어라!

다섯 번째, 교회 다니는 사람들끼리 이게 옳다 저게 옳다 하면서 서로 비난하고, 서로 정죄하고, 서로 이해 관계가 충돌이 되어 교회를 떠나도록 만들어라!

여섯 번째, 대면 예배에 나오는 신자들은 비대면 예배드리는 사람을 향해 신앙이 없다고 비난하게 하고, 비대면 예배드리는 신자들은 대면 예배드리는 신자들을 향해 남을 향한 배려심이 없다고 정죄의 돌을 던지게 하라! 그로 인한 감정의 골이 상하게 해서 서로 원수처럼 지내게 하라!

일곱 번째, 거짓 선지자들을 계속 파송해서, 교회를 이간질 시키고, 서로 싸우게 만들어라. 그래서 불신자들이 기독교에 대한 적대감을 갖도록 해서, 하나님의 영광스러운 교회를 역겨운 장소로 인식되게 하라!

여덟 번째, 경제가 무너지고, 재정 상황이 악화가 되는 시기이니, 성도들의 마음을 강퍅하게 해서 남을 돕고자 하는 마음을 무디게 만들며, 손을 펴지 못하게 하라!

아홉 번째, 코로나로 인해서 한국에 머물고 있는 선교사들의 생계와 가정 형편에 대해 한국 교회가 무관심, 무신경하게 만들어라! 특히 선교사들 후원을 끊어버리도록 각 교회 운영 위원회 리더들의 마음을 충동질 시켜라!

열 번째, 이러한 우리의 '지옥 선교 전략'이 한국 교회 지도자들에게 새지 않도록 철통 같이 보안에 신경 쓰도록 하라!

대마왕: "다들 알겠느냐?"

마귀 졸개들: "짝짝짝! 대마왕님! 정말 최고이십니다!"

이렇게 대마왕이 주최한 '지옥 선교 전략'은 3박 4일 동안 '마왕궁'에서 화려하게 마무리를 했고, 마귀 졸개들은 다시 파송을 받아 각 나라와 지역에 돌아가게 되었다.

코로나와 페스트(Peste) 소설

　신종 코로나바이러스 사태가 터지고 난 뒤에 꼭 읽고 싶었던 소설책이 있었다. 그 책은 바로 알베르 카뮈가 쓴 '페스트(주:흑사병)'라는 소설책이다. 알베르 카뮈(Albert Camus, 1913-1960)를 '20세기의 양심' 혹은 '실존주의 문학의 대가'라고 표현을 한다. 1942년 29살의 나이에 '이방인'이라는 작품을 발표했고 1947년 페스트라는 소설을 연이어 출간하면서 성공의 가도를 달렸고 같은 해에 '프랑스 비평가상'을 받기도 한 카뮈는 1957년 '노벨 문학상'까지 수상을 하게 되었다. 신종 코로나바이러스 전염병을 맞이하고 살아가는 오늘 우리들의 상황과 카뮈가 쓴 페스트 소설에 나오는 내용이 너무나 흡사하고, 비슷한 부분들이 많아 참으로 흥미롭게 읽어 내려갔다. 카뮈가 쓴 페스트의 소설 배경은 1940년대 프랑스의 식민도시 알제리에 있는 '오랑시'에서 일어난 사건을 배경으로 한다. 이 도시에서 '죽은 쥐'들이 발견이 되고, 사람들이 죽기 시작하면서 주인공인 의사 '리유'는 이것이 페스트라는 것을 알게 되는데, 오늘날 우리가 겪고 있는 코로나바이러스 상황과 미묘하게 연결되어 있어서 참 흥미로웠다. 결국, 오랑시는 죽은 쥐들과 감염이 된 사람들의 죽음으로 인해 비상사태를 선언하고, 오랑시는 도시를 폐쇄하며, 집단적인 고립을 선택한다. 이 소설에는 다양한 직업을 가진 사람들이 나오는데 의사, 공무원, 기자, 신부, 일반인 그리고 밀수업자이다. 이들은 페스트라는 감염병에 맞서서 싸우는 자신들의 감정, 생각, 그리고 삶의 태도를 보여준다. 지금도 마찬가지이지 않은가?

방역의 최전선에서 싸우고 있는 의료진들이 있고, 행정적인 면을 지원하는 시청 공무원들이 있으며, 코로나바이러스 사태를 취재하고 알리는 언론인들이 있고, 평범한 일반인들과 신앙생활을 대변하는 신부(주: 목회자들)들이 있다. 이 소설책을 읽으면서 알게 된 놀라운 사실은 대부분의 사람들이 재난이나 페스트 같은 이런 질병과 무관하다는 생각을 한다는 것이다. 다시 말해, 이러한 재난은 나하고는 상관이 없는, 나에게는 일어나지 않을 것이라는 생각을 가진다고 한다. 그런데 실제 그런 재난이 발생을 하면 속수무책으로 당한다고 한다.

"설마 나에게 이런 일이 일어나겠어?"

"나는 특별한 사람인데 이런 일은 나와 상관이 없어."

"지금까지 잘 살았는데, 앞으로도 별일 없을 거야."

우리는 모든 것을 준비하고 살아가지만, 정작 자신에게 닥칠 재난을 대비하며 살아가지는 못하는 것 같다. 매년 마다 불어오는 태풍, 쓰나미, 화산 폭발 그리고 홍수로 인한 침수 피해는 매년 뉴스에 등장하는 단골 메뉴이지만, 그 사건이 몇 년만 지나고 나면 언제 그랬냐는 듯이 우리는 잊어버리고 산다. 아무리 무서운 사건이 발생을 해도 한 10-20년 만 지나면 아무렇지 않게 살아가는 것이 우리들의 모습이 아닌가?

다시 페스트 소설로 돌아가 보자. 지금도 그렇지만 이 소설에서 등장하는 인물 중에 밀수업자의 마지막 행동이 참 아이러니하다. 왜냐하면, 이 페스트 정국에서 가장 많은 이익을 보고 있었던 사람이 바로 '밀수업자'였기 때문이다. 어렵고 힘들 때 누군가는 희생과 헌신을 해서 공동체를 세우지만, 누군가는 이 어려운 때를 이용해서 '이익'을 추구하는 개인과 집단들이 늘 있어 왔다. 코로나바이러스가 확산이 될 즈음에 '마스크' 공급이 되지 않아 큰 혼란과 어려움이 있었다. 더욱이 마스크 판매를 통해 '반사이익'을 얻어 부자가 되기 위해 밀수하는 일들이 뉴스와 인터넷에 등장하기도 했다. 이 페스트 책의 마지막에 가보면 밀수업자는 페스트로 인한 이익을 더이상 얻지 못하고, 페스트가 종식이 되는 것을 두려워해서 사람들에게 총질을 한다. 왜냐하면, 그는 페스트가 종식이 되어 다시 과거의 삶으로 돌아가는 것을 두려워했기 때문이다.

"어느 카페에서 '양질의 술은 세균을 죽인다'라는 광고문을 써 붙이자, 알코올이 전염병을 예방해 준다는 것이 세간에 이미 상식처럼 여겨져 오던 차라, 그런 생각은 더욱 확고하게 사람들의 뇌리에 박혔다. 매일 밤 2시쯤 되면 카페에서 쏟아져 나오는 상당히 많은 주정꾼들이 거리거리를 가득 메우면서 서로 낙관적인 얘기들을 주고받는 것이었다." _(알베르 카뮈 페스트, 민음사, 109페이지 인용함) 코로나바이러스를 없애려면 알코올을 마셔야 된다고 누군가 이야기를 해서 자기 몸속에 '알코올 세정제'를 넣어 소독하려다 죽은 사람들의 이야기가 결코 낯선 이야기가 아니다.

"그래도 시간이 경과 하면서 자연적으로 식량 보급이 어려운 지경에 이름에 따라 이 외에도 여러 가지 불안한 문제점들이 있었다. 게다가 투기가 성행해서, 일반 시장에 부족한 가장 긴요한 생활필수품들이 터무니없는 가격으로 팔렸다. 그래서 빈곤한 가정은 무척 괴로운 처지에 놓였지만, 반면에 부유한 가정들은 부족한 것이라곤 거의 없었다." _(같은 책 308 페이지 인용함)

그렇다! 재난이 닥치고, 어려움이 오면 우리 사회와 공동체에는 '빈익빈 부익부'의 현상이 더욱더 뚜렷해진다는 말은 정말 현실적이다. 쥐들의 반가운 소리가 다시 들리고, 도시들은 활기를 찾으며 페스트는 종식이 되면서 이 소설은 끝이 난다. 그런데 최전선에서 페스트와 싸운 주인공 의사 리유는 그리 행복해 하지 않는다. 왜냐하면, 그는 말하길 '페스트는 아직 끝나지 않았다'는 것이다. 페스트균이 지금은 잠시 물러나 있지만, 여기저기에 숨어 있다가 언제고 다시 창궐할지 모른다는 말을 남기며 이 소설은 마무리가 된다. 주인공 리유가 한 말을 여기서 인용하는 것이 필요할 것 같다.

"그는 그 기쁨에 들떠 있는 군중이 모르는 사실, 즉 페스트균은 결코 죽거나 소멸하지 않으며, 그 균은 수 십년간 가구나 옷가지들 속에서 잠자고 있을 수 있고, 방이나 지하실이나 트렁크나 손수건이나 낡은 서류 같은 것들 속에서 꾸준히 살아남아 있다가 아마 언젠가는 인간들에게 불행과 교훈을 가져다주기 위해서 또다시 저 쥐들을 흔들어 깨워서 어느 행복한 도시로 그것들을 몰아넣어 거기서 죽게 할 날이 온다는 것을 알고 있었기 때문이다." (같은 책 402페이지에서 인용함)

　코로나바이러스 사태가 언젠가는 끝이 날 것이다. 그리고 우리는 다시 자유와 행복을 찾았다고 기쁨의 파티를 할 것이다. 무너진 관계가 회복이 되고, 그동안 모이지 못했던 수 많은 모임들을 다시 하게 될 것이다. 또한, 무너진 경제가 활력을 되찾고 사람들은 일상으로의 복귀를 반기며 하루하루 살아가게 될 것이다. 그러나 그토록 우리가 바라고 원하는 일상의 삶이라는 것이 우리를 겸손하게 만드는 기적이요, 하나님의 선물이라는 것을 오늘도 느끼며 배우게 된다.

"페스트 환자가 된다는 것은 피곤한 일입니다. 그러나 페스트 환자가 되지 않으려고 발버둥치는 것은 더욱더 피곤한 일입니다. 바로 그렇기 때문에 모든 사람이 다 피곤해 보이는 것입니다. 왜냐하면, 오늘날에는 누구나가 어느 정도는 페스트 환자니까요." (같은 책 329 페이지에서 인용함)

"무엇이 페스트인가?"

"누가 이 페스트를 가지고 있는가?"

이 책에서는 페스트가 무엇이냐고 묻는 질문에 노인은 이렇게 대답을 한다.

"인생이라고!!"

　　나는 이 노인의 말에 동의를 한다. 코로나바이러스에 감염이 되어 환자가 되는 것도 피곤한 일이지만, 감염이 되지 않기 위해 애쓰고 노력하는 것은 더욱더 피곤한 일이고, 불편한 우리의 삶이다. 그래서 우리 모두 공동체를 위해 노력하고 애쓰는 것이 아니겠는가? 그런데 정말 두렵고 무서운 사실은 우리 모두 누구나 다 어느 정도는 코로나바이러스 환자라는 생각이 든다. 왜냐하면, 정말 감염이 되어서 그런 것도 있지만, 감염이 안되어도 우리가 내뱉는 말, 언어, 행동, 타인을 향한 비난, 싸움 그리고 냉랭한 시선들을 볼 때마다 느끼기 때문이다.

코로나와 하나님의 사람(시편 90)

거듭난 그리스도인들이 가장 듣고 싶은 최고의 찬사는 아마도 '하나님의 사람'이라는 말이다. 성경에 나오는 수많은 하나님의 사람들이 있지만, 시편 90편의 제목은 '하나님의 사람 모세의 기도'이다.

"하나님의 사람 모세가 드린 기도는 어떤 내용일까?"

시편 90편을 읽고 묵상을 하다가 이 시편이 '정말 하나님의 사람 모세가 드린 기도가 맞을까?' 하는 생각이 들었다. 왜냐하면, 우리는 '하나님의 사람이라면 하나님의 사람에 걸맞는 어떤 대단한 기도 혹은 대단한 결심과 헌신들이 들어가 있을 것'이라는 생각을 하기 때문이다. 그런데 아이러니하게도 하나님의 사람 모세가 드린 기도는 한마디로 표현해서 '나는 아무것도 아닙니다! (= I'm no one)'라는 것이다. 그리고 나는 아무것도 아닌 존재이기에 오직 당신의 긍휼과 은총이 필요하니 우리의 손이 행한 일에 복을 주사 견고케 해달라는 요청으로 마무리가 된다. 모세는 사실 애굽의 왕자로 살아가면서 '나는 아주 특별한 존재이다! (=I'm someone)'라는 생각을 가지며 어깨에 힘을 주며 살았다. 그랬던 그가 광야에서 다루심을 받고, 잊혀진 존재로 살아가면서 자신의 존재가 한낱 티끌이요, 먼지이며 잠시 있다가 사라지는 인생임을 배우게 된 것이다.

"주께서 사람을 티끌로 돌아가게 하시고 말씀하시기를 너희 인생들은 돌아가라 하셨사오니" (시90:3)

　　모세가 애굽의 왕자로 아주 특별한 인생을 살아가던 중에 시편 90편의 시를 썼다면 그의 내용과 고백은 사뭇 달랐을 것이다. 예를 들어, 하나님의 사람이라면 적어도 남들이 부러워할 만한 출생과 배경이 있어야 하고, 애굽 문화와 지식을 습득했어야 하고, 애굽 나라의 말과 그 사람들을 통솔할 수 있는 위치와 다스릴 수 있는 리더십이 있어야 한다고 하지 않았을까?

　　또한, 적어도 나라와 민족을 위해서 헌신하고 자신의 삶을 드릴 수 있는 열정도 무척 강조했으리라. 이것을 이렇게 정리해 볼 수 있을 것 같다.

1) 모세의 나이 40이 되었을 때 지은 시편 90편

　　첫째, 하나님의 사람이라면 '금수저' 출신이어야 한다.

　　둘째, 하나님의 사람이라면 '배경'이 좋아야 한다.

　　셋째, 하나님의 사람이라면 '학위'가 여러 개 있어야 한다.

　　넷째, 하나님의 사람이라면 남들보다 특출난 '열정'과 '재능'이 기본으로 깔려 있어야 한다.

2) 모세의 나이 120이 되었을 때 지은 시편 90편

첫째, 하나님의 사람은 자신의 힘을 빼야 한다.

둘째, 하나님의 사람은 하나님께서 만들어 가시는 과정이다.

셋째, 하나님의 사람은 자신의 입과 눈을 가리며 주 앞에 엎드리는 사람이다.

넷째, 하나님의 사람은 자신이 아무것도 아님을 깨닫는 사람이다.

자신감이 충만하였고, 학문과 모든 행사에 능하며 마음만 먹으면 무엇이든지 할 수 있을 것이라 여겼던 모세는 자신의 동족을 살피며 구원해 내는 것이 하나님이 기뻐하시는 일요, 자신의 부르심이라 생각했다. 그러나 그는 결국 사람을 죽이는 살인자가 되어 미디안 땅에서 나그네의 삶을 살게 되었다. 모세가 그동안 움켜쥐며 어깨에 힘을 주고 있었던 그의 화려한 배경과 왕자의 신분 그리고 애굽에서 배운 여러 학문과 모든 지혜는 무용지물이 되었다.

"우리의 싸우는 무기는 육신에 속한 것이 아니요 오직 어떤 견고한 진도 무너뜨리는 하나님의 능력이라. 모든 이론을 무너뜨리며 하나님 아는 것을 대적하여 높아진 것을 다 무너뜨리고 모든 생각을 사로잡아 그리스도에게 복종하게 하니" (고후10:4-5)

하나님의 사람은 자신의 분수를 아는 사람이 아닐까 싶다. 나 자신이 아무것도 아니며, 주의 목전에는 밤의 한순간 같고 잠깐 자는 것 같으며 아침에 돋는 풀처럼 잠시 자라다가 저녁에는 시들어 버리는 그런 존재임을 깨닫는 사람이다.

"주의 목전에는 천 년이 지나간 어제 같으며 밤의 한 순간 같을 뿐임이니이다. 주께서 그들을 홍수처럼 쓸어가시나이다. 그들은 잠깐 자는 것 같으며 아침에 돋는 풀 같으니이다. 풀은 아침에 꽃이 피어 자라다가 저녁에는 시들어 마르나이다" (시90:4-6)

　　코로나로 인해 어렵고 힘겨운 시간을 보내면 보낼수록 다양한 소리가 들려온다. 심지어 나의 주장과 색깔을 교묘히 이야기해서 사람들의 마음을 훔치기도 하고, 미혹하게도 한다. 또한, 복음이 아닌 다른 복음을 이상하게 포장해서 나의 주장을 합리화한다. 어렵고 힘겨운 시기에 하나님의 사람들은 더 자신을 낮추고, 주 앞에 엎드리며 주의 음성 듣기를 소망했다. 왜냐하면, 주의 노여움의 능력과 진노의 두려움을 알기에 하나님의 긍휼과 자비를 구했던 것이다. 하나님의 사람으로 살아가기를 소망하는 우리 모두에게 주님이 원하시는 것은 대단한 헌신, 열정, 섬김 그리고 선교적 삶을 추구하는 것 보다 나의 분수를 알고 주의 노여움과 진노의 두려움을 의식하며 하루하루 주의 은총을 구하는 자의 자리에 있기를 원한다고 나는 믿는다.

코로나와 예배

코로나바이러스 사태는 우리가 기존에 가졌던 예배에 대한 개념과 관점을 바꾸고 있다. 분명 기분 나쁜 도전이지만, 예배의 본질과 의미를 다시금 생각해 볼 수 있는 귀한 축복이라 생각한다. 특히 예배와 관련해서 참으로 우리를 두렵고 떨리게 하는 말씀이 예레미야 7장(성전 설교)에 언급이 되는데, 예레미야서를 통해 이 고민에 대한 실마리를 찾아볼 수 있지 않을까 싶다.

"예배를 열심히 드리겠다는데 무엇이 더 중요할까?"

당연히 더 중요한 것이 있다! 예배를 열심히 드리는 것보다 더 중요한 것은 그 예배의 대상이 되시는 '아버지의 마음'을 바로 아는 것이다!

"교회에 와서 열심히 모이고 기도하는 것보다 더 중요한 것이 있을까?"

당연히 더 중요한 것이 있다! 교회에 와서 열심히 모이고 기도하는 것보다 더 중요한 것은 무슨 기도를 기뻐하시는지 '아버지의 눈물'을 바로 아는 것이라 할 수 있다!

그런데 우리는 너무나 모임과 예배를 소중히 여기는 나머지 '예배 자체'가 '우상'이 되어 버린 경우가 많이 있는 것 같다. 이스라엘 백성들의 신앙을 두 단어로 표현한다면 '성전'과 '제사'라고 할 수 있다. 성전은 곧 그들의 정체성이요, 삶이요, 예배하는 공간일 뿐 아니라, 하나님의 언약에 관한 모든 것이라 할 수 있다. 예레미야 7장 3절에 여호와의 성전에 들어오는 그들을 향해 하나님은 '너희 길과 행위를 바르게 하라'고 하신다.

"만군의 여호와 이스라엘의 하나님께서 이와 같이 말씀하시되 너희 길과 행위를 바르게 하라. 그리하면 내가 너희로 이곳에 살게 하리라" (렘7:3)

"너희 길과 행위를 바르게 하라고 하시는 것은 무엇인가?" 예레미야 7장 5-6절에 보면 이웃들 사이에 정의를 행하며, 이방인과 고아와 과부를 압제하지 아니하며, 무죄한 자의 피를 흘리지 아니하며, 다른 신들을 섬기지 않는 것이 주님이 원하는 길과 행위를 바르게 하는 것이라 하신다.

"왜 이들은 길과 행위를 바르게 하지 않았을까?"

여호와의 성전에 들어가 그분을 예배하면서 불의를 행하고, 이방인과 고아와 과부를 압제하였고, 무죄한 자의 피를 흘렸고, 다른 신들을 섬겼기 때문이다.

참으로 기가 막히는 상황이다!

"성전에서 예배를 하면서도 불의를 행했다!"

"성전에서 예배를 하면서도 이방인과 고아와 과부를 압제하였다!"
"성전에서 예배를 하면서도 무죄한 자의 피를 흘렸고 다른 신을 섬겼다!"

"참으로 무섭고 두려운 말씀이지 않은가?"

"왜 그들은 주님이 원하시는 바른길과 행위를 하지 않았을까?"

그것은 그들이 '무익한 거짓말'을 믿었기 때문이었다. 여호와의 성전이 그들에게는 올무요 걸림돌이 되었다. 자신들의 신앙과 행위를 보증해 주는 하나의 '구원 보증 수표'가 '성전'이 된 것이다. 오늘날 우리에게는 '교회'라고 할 수 있다. 다시 말해, 그들에게는 여호와의 성전 즉 교회가 있었고, 거기서 날마다 예배를 드렸기에 자신들의 신앙과 구원은 '안전'하다고 스스로 믿게 된 것이다.

"너희는 이것이 여호와의 성전이라, 여호와의 성전이라, 여호와의 성전이라 하는 거짓말을 믿지 말라" (렘7:4)

분명 그곳은 여호와의 성전이었고, 하나님께 제사를 드리며 하나님의 임재와 영광이 가득한 장소였다. 그러나 그들의 '삶의 열매'는 '거짓'이었다. 단지 형식과 습관 그리고 구조만 남은 돌무더기에 지나지 않았다. 여호와의 성전이라는 무익한 거짓말을 의존하고 있던 유다 백성들에게 예레미야의 선포는 무척이나 큰 충격과 도전이 되었다.
왜냐하면, 한 번도 성전이 무너진 적이 없었기 때문이며, 자신들의 조상과 세우신 언약의 약속이 바뀐 적이 없었기 때문에, 그들은 그렇게 살아도 자신들이 구원을 받는다고 믿었다.

"보라 너희가 무익한 거짓말을 의존하는도다. 너희가 도둑질하며 살인하며 간음하며 거짓 맹세하며 바알에게 분향하며 너희가 알지 못하는 다른 신들을 따르면서 내 이름으로 일컬음을 받는 이 집에 들어와서 내 앞에 서서 말하기를 우리가 구원을 얻었나이다 하느냐 이는 이 모든 가증한 일을 행하려 함이로다" (렘7:8-10)

"참으로 두려운 말씀이다!"

성전에 와서 예배드리는 그들이 실제의 삶 속에서는 도둑질하며, 살인하며, 간음하며, 거짓 맹세하며 바알에게 분향하며 그리고 알지 못하는 다른 신들을 섬기면서 '주님 앞에 와서는 우리가 구원을 얻었다'라고 한다. 다르게 표현하면, 구원을 이미 받았기 때문에 아무렇게나 살아도 상관이 없고, '우리에게는 성전이 있으니 우리의 구원은 문제가 없다'는 식이다.

그러므로 이렇게 불법을 행하고 하나님이 원하는 길과 행위를 하지 않더라도 그들에게는 아무런 문제가 되지 않았던 것이다. 하나님의 이름으로 일컬음을 받는 이 집에 들어와서 이렇게 말을 할 수 있다는 것이 얼마나 무섭고 놀라운 일인가! 하나님의 성전이 '도둑의 소굴'이 되었다. 그러면서도 구원을 받았다고 자신하며, 확신하는 모습이 마치 오늘의 한국 교회와 주님을 믿고 따르는 우리 모두에게 주시는 특별한 '경고의 말씀'이라고 생각한다.

"교회를 출석한다고 구원을 받는 것이 아니다!"

"주님이 원하는 길과 행위를 바르게 하지 않으면서 교회 출석과 세례 증명서가 나의 구원을 보장해 주지 못한다!"

우리는 어쩌면 지금까지 '무익한 거짓말'을 믿고 왔는지도 모르겠다. 코로나 시대에 '대면 예배'가 되든, '비대면 예배'가 되어서 온라인 예배로 전환을 하든 정말 중요한 것은, 하나님은 교회에서 드리는 예배를 넘어 나의 삶 속에 하나님이 원하시는 길과 행위를 참으로 바르게 하고 있는지, 이웃들 사이에 정의를 행하고 있는지, 힘이 없고 도움이 필요한 이웃들을 압제하지는 않는지 그리고 무죄한 자의 피를 흘리지는 않는지 보고 계신다.

"여호와의 성전이 있다고, 교회 다니는 크리스천이라는 사실이 나의 구원을 보장하지 못한다!"

이들도 여호와의 성전에서 늘 예배를 드렸기 때문에 자신들의 예배와 구원은 항상 보장이 되었다는 '무익한 거짓말'을 믿어서 그렇게 아픈 고통의 세월을 보내지 않았는가!

이 세상에서 가장 행복한 성도, 목사 그리고 선교사는 '들을 수 있는 귀'를 가진 자가 아닐까? '볼 수 있는 눈'을 가진 자가 아닐까? 눈이 있다고 다 보지 못하며, 귀가 있다고 다 듣지 못한다. 왜냐하면, 사역자들도 주의 음성을 듣지 못하고, 내 마음대로 말을 하고, 내 편한 대로 사역을 하며, 내가 이루고 싶은 욕망과 욕심을 따라 하는 경우가 얼마든지 있기 때문이다.

말을 해도 듣지 않고, 불러도 대답을 하지 않으면 어떻게 해야 하는가? 주님은 예레미야서를 통해 우리에게 이렇게 반문하시는 것 같다.

"내가 어떻게 하면 좋겠느냐?"

"사랑하는 한국교회여! 어떻게 하면 되겠는가?"

"사랑하는 한국의 사역자들이여! 어떻게 하면 되겠는가?"

"사랑하는 열방의 선교사들이여! 어떻게 하면 되겠는가?"

어떻게 해야 우리의 마음이 주님을 떠나지 않고, 그분께 '접붙임' 바 되어, 매일 매일 '복음'에서 '생명'으로 살아갈 수 있는지 묻고 계신다.

그들의 안전망이 되었던 여호와의 성전이 그들의 구원을 보장해 주지 못한 것처럼, 오늘날 교회 출석과 교회 예배가 나의 구원을 담보해 주지 못한 것처럼, '실로(Shiloh)'에 있었던 언약궤가 그들에게 구원이 되지 못한 것처럼, 오늘날 나에게 주어진 목사, 선교사, 교사 그리고 선생님이라는 수많은 '호칭들'과 '직분'이 나의 구원을 보장해 주지 못한다.

"얼마나 두렵고 무서운 경고의 말씀인가!!"

"오직 내가 이것을 그들에게 명령하여 이르기를 너희는 내 목소리를 들으라. 그리하면 나는 너희 하나님이 되겠고 너희는 내 백성이 되리라. 너희는 내가 명령한 모든 길로 걸어가라 그리하면 복을 받으리라 하였으나 그들이 순종하지 아니하며 귀를 기울이지도 아니하고 자신들의 악한 마음의 꾀와 완악한 대로 행하여 그 등을 내게로 돌리고 그 얼굴을 향하지 아니하였으며 너희 조상들이 애굽 땅에서 나온 날부터 오늘까지 내가 내 종 선지자들을 너희에게 보내되 끊임없이 보내었으나, 너희가 나에게 순종하지 아니하며 귀를 기울이지 아니하고 목을 굳게 하여 너희 조상들보다 악을 더 행하였느니라"

(렘7:23-26)

평범한 사람은 '경험'에서 배우고, 현명한 사람은 '역사'에서 배운다고 하지 않던가! 이스라엘의 실패한 역사 속에서 하나님의 마음과 눈물을 배우기를 기도한다.

아시타비(我是他非)의 소리

당신은 누구의 말을 듣고 있나요?

2020년 해의 사자성어로 '아시타비(我是他非)'가 꼽혔다. '나는 옳고 남은 그르다'라는 뜻으로, '내로남불(주: 내가 하면 로맨스 남이 하면 불륜)'을 한자로 옮긴 신조어라고 한다. 2020년을 마무리 하면서 전국의 대학교수 906명을 대상으로 설문 조사를 했는데, 거기서 32.4%의 결과가 나와서 2020년도 사자성어로 선정이 된 신조어이다. 모든 잘못을 남의 탓으로 돌리고, 서로를 비난하고 헐뜯으며 문제 해결을 하지 않는 우리의 모습을 드러내고 있는 표현이라고 할 수 있다. 그런데 알고 보면 아시타비(我是他非)의 시작은 창세기 3장에서 나오는데, 지금까지도 그러한 삶을 우리는 살아가고 있다. 우리는 인류 최초의 문제를 선악과를 먹은 문제라고 생각을 하지만, 실상은 '듣는 문제'에서 발생을 했다. 하나님이 원래 디자인하신 '에덴(주: 기쁨이라는 뜻)' 동산에는 먹는 문제가 존재하지 않았다. 모든 것이 풍성했고, 하나님이 보시기에 아름답고 먹기에 좋은 나무가 나게 하셔서 모든 것을 먹으며 누리게 하셨기 때문이다. 단 한 가지 선악을 알게 하는 나무의 열매는 먹지 말라 하셨고, 그것을 먹는 날에는 '반드시 죽으리라'고 명하셨다. 그들은 배가 고파서 선악과를 먹은 것이 아니라, '하나님의 소리'를 거부하고 '뱀의 소리'를 듣고 순종함으로 죄의 종이 된 것이다.

"너희 자신을 종으로 내주어 누구에게 순종하든지 그 순종함을 받는 자의 종이 되는 줄을 너희가 알지 못하느냐 혹은 죄의 종으로 사망에 이르고 혹은 순종의 종으로 의에 이르느니라" (롬6:16)

이러한 모습은 오늘을 살아가고 있는 우리들의 모습과 별반 다르지 않다. 겉으로 보여지는 형태는 바뀌었지만, 본질적인 것은 하나도 바뀌지 않았다. 여전히 변함없이 신실하게 먹지 말아야 할 것을 먹고 있고, 듣지 말아야 할 것을 들으며 살고 있다.

신앙을 갖기 전에 길거리에서 가장 많이 들었던 복음 성가곡이 있다. 김석균 목사님께서 작사/작곡한 "예수 믿으세요(1986년)"라는 곡이다. 무엇 때문에 살아야 하고, 어떻게 살아야 하는지 몰라서 고민하며 방황하는 많은 사람들의 발걸음을 멈추게 하고 귀를 열어 주었던 소중한 찬양곡이었다. 그렇게 열심히 공부하고, 돈을 벌고, 나의 꿈을 이루기 위해 일을 하고, 하루하루 살아도 그 삶에 의미가 부여되지 않는다면 우리는 방향성을 잃게 된다. 그런데 예수님을 만나서 변화가 되고 삶이 바뀌었음에도 불구하고 실상은 영적인 방황, 고민, 그리고 갈등이 더 많이 생기는 것을 보게 된다. 예수님을 만나서 변화를 받고 난 이후에도 우리는 지금 어디로 가고 있는지, 내가 가는 방향은 맞는 것인지 몰라서 길을 잃기도 한다.

"왜 그럴까?"

불신자들에게 가장 많이 들려주고, 복음을 전할 때 사용했던 찬양 가사가 '당신은 지금 어디로 가나요?'라는 가사인데, 실상 예수님을 믿고 살아가는 우리에게 지금 필요한 가사가 아닌지 모르겠다. 그래서 위의 가사를 다음과 같이 바꾸어서 불러 보고 싶다.

"당신은 지금 누구의 소리를 듣고 있나요? 발걸음 무겁게"

결국, 뱀의 소리를 듣고 순종한 아담과 하와에게 판도라 상자는 열리게 되었고, 그 두 사람에게 아시타비(我是他非)의 참혹한 인생의 길이 열리게 된 것이다.

핑계 없는 무덤은 없다

　뱀의 소리를 듣고, 순종함으로 이제 하나님의 소리는 '불편한 진실'이 되었다. 창세 이래로 지금까지 하나님의 소리와 그분의 음성은 주 품을 떠난 모든 사람에게 불편함을 주는 거치는 돌이 되었다. 아버지의 품 안에 머물며, 그분으로 인해 기뻐했던 아담과 하와가 하나님의 소리를 듣고 보인 두 가지 반응은 참으로 안타깝다. 첫째는, 여호와 하나님의 낯을 피한 것이고 둘째는, 동산 나무 사이에 숨은 것이다. 자신을 만들고, 생명을 주신 아버지의 품을 떠난 인간이 보이는 반응인데 하나님의 얼굴을 피하고, 숨는 일은 예나 지금이나 변함없다. 수천 년간 이어진 하나님과 인간 사이의 '숨바꼭질'이다. 끝도 없이 하나님의 얼굴을 피하고, 숨고 싶은 타락한 인간의 모습에 하나님은 절망하시며 울부짖으신다.

"여호와 하나님이 아담을 부르시며 그에게 이르시되 네가 어디 있느냐"

(창3:9)

"하나님이 조용히 타이르시며 말씀하시는 것 같은가?"

"아니면 자녀를 잃고 울부짖는 한 아버지의 모습을 보는 것 같은가?"

　만일 내가 그 자리에 있었다면 어떠한 변명이나 핑계를 대지 않고, 정직한 모습 그대로 하나님 앞에 나아 갈 수 있었을 것이라고 스스로 자신만만하게 생각했다면 큰 오산이다. 그때나 지금이나 변명과 핑계는 하나님 앞에서 우리가 가장 잘 써먹는 '방어기술'이기 때문이다. 아담은 하나님의 소리를 들었다. 그리고 하나님이 왜 부르시는지도 알고 있었으나 그는 '비겁한 변명'을 하기 시작한다.

아담의 첫 번째 변명: "내가 벗었음으로 두려워하여 숨었나이다." (창3:10)

　하나님의 소리를 듣고 보인 아담의 반응이다. 너무 비겁한 변명이지 않은가! 차라리 "주님! 제가 당신의 명령을 어기고 뱀의 소리를 들었습니다. 당신이 먹으면 반드시 죽는다고 하는 선악을 알게 하는 나무 열매를 먹었나이다"라고 해야 하지 않았을까!

하나님: "누가 너의 벗었음을 네게 알렸느냐?"(창3:11) 하고 반문하신다. 하나님은 그들의 눈이 밝아져 벗은 줄을 알게 된 것과 두려워해서 숨은 아담이 정직하기를 원하셨다. 아담은 '변명'을 하지 말고, '상한 심령'으로 주 앞에 나아갔어야 했다. 그러나 죄로 인한 두려움과 하나님의 얼굴을 피해 숨어버리고 싶은 인간의 본성은 오늘날까지 지속되고 있다.

하나님: "내가 네게 명한 그 나무 열매를 네가 먹었느냐?" (창3:11)

아담의 두 번째 변명: "하나님이 주셔서 나와 함께 있게 하신 여자 그가 그 나

무 열매를 내게 주므로 내가 먹었나이다." (창3:12)

참으로 구차한 변명이자, 핑계이지 않은가! "만일 내가 그 자리에 있었다면 나는 아담처럼 구차한 변명과 핑계를 대지 않았을 것이라고 스스로 생각한 적이 있었는가?"

나 또한 그런 생각을 여러 번 한 적이 있었다. '나라면 저렇게 반응하지 않았을 텐데' 그러나 그때나 지금이나 별반 다르지 않게 변명하며 핑계하리라는 것을 지나온 인류의 역사가 우리에게 가르쳐 주고 있지 않은가? 여자에게 핑계를 대고 있는 것 같으나, 실상은 '하나님 탓'으로 돌리고 있다. 나와 함께 있게 하신 여자가 그 나무 열매를 내게 주므로 내가 먹었지만, 그 여자를 하나님이 주셨기에 이 모든 일에 대한 책임을 '하나님 탓'으로 돌리고 있다 (창3:12). 참으로 그럴싸한 변명으로 들린다. 하나님은 여자에게도 같은 질문을 하셨다. 그런데 여자는 아담과 다르게 눈물과 통곡으로 자신의 죄를 정직하게 인정했는가?

여자: "뱀이 나를 꾀므로 내가 먹었나이다." (창3:13)

먹지 말라고 한 그 나무 열매를 먹은 것은 인정하지만, 안 먹으려고 했는데, 뱀이 나를 꾀므로 먹게 되었다는 것이다. 그런데 자세히 보면 그 뱀을 만드신 분이 누구인가?

"그런데 뱀은 여호와 하나님이 지으신 들짐승 중에 가장 간교하니라." (창3:1)

뱀이 나를 꾀므로 내가 먹은 것은 나의 잘못이 아니라, 그 뱀을 지으신 '하나님 탓'으로 돌리고 있다. 아담이나 하와나 모두 자신의 죄에 대한 통렬한 회개가 아니라, 그 모든 일의 배후에 하나님 탓으로 변명과 핑계를 대고 있다. 이러한 변명과 핑계 그리고 하나님 탓을 하는 타락한 아담적 본성이 오늘 우리가 살고 있는 사회와 교회 공동체 안에서조차 이어지고 있다는 슬픈 현실을 우리가 목도하고 있지 않은가.

비겁한 변명

우리나라 속담에 '목구멍이 포도청이다'라는 속담이 있다. 이 말의 뜻은 사람에게 있어서 먹는 것이 가장 중요하다는 뜻으로 먹는 입이 가장 무섭다라는 의미이다. 다시 말하면, 먹고 살기 위해서는 해서는 안 될 일도 하게 되는 것을 말하는데, 조선 시대 때 도둑과 같은 범죄자를 잡고 심문했던 관청이 바로 '포도청'이었다. 그래서 범죄 한 사람들은 포도청에 끌려가 온갖 심문과 고초를 당해야 했던 곳인데, 가뭄이나 먹을 것이 없어 극에 달하면, 포도청에 끌려가는 한이 있더라도 먹을 것을 훔쳐 배고픔을 먼저 해결한다는 의미에서 유래한 속담이라고 한다. 하나님은 갈대아 우르(Ur)에서 아브람을 불러내어 약속의 땅으로 인도하셨다. 그리고 아브람을 통해 큰 민족과 복을 주어 그의 이름을 창대하게 하고 복의 근원으로 삼겠다고 약속하셨고 아브람은 하나님의 말씀을 따라 움직였다.

"이에 아브람이 여호와의 말씀을 따라갔고 롯도 그와 함께 갔으며 아브람이 하란을 떠날 때에 칠십오 세였더라" (창12:4)

아브람은 그의 아내 사래와 조카 롯과 하란에서 모은 모든 소유와 얻은 사람들을 이끌고 가나안 땅으로 들어가 자기에게 나타나신 여호와께 제단을 쌓고(주: 예배를 드리고) 여호와의 이름을 부르며 점점 남방으로 옮겨 갔다 (창12:7-9).

그런데 문제가 생겼다!

"그 땅에 기근이 들었으므로 아브람이 애굽에 거류하려고 그리로 내려갔으니 이는 그 땅에 기근이 심하였음이라" (창12:10)

애굽에 이를 때에 아브람은 아내인 사래에게 놀라운 제안을 하게 된다.

"애굽 사람이 그대를 볼 때에 이르기를 이는 그의 아내라 하여 나는 죽이고 그대는 살리리니 원하건대 그대는 나의 누이라 하라. 그러면 내가 그대로 말미암아 안전하고 내 목숨이 그대로 말미암아 보존되리라 하니라" (창12:12-13)

"자신이 애굽으로 내려가면 아내인 사래의 미모로 인해 자신이 죽게 될 것이라는 이런 '믿.자.감(주: 믿음 없는 자신감의 줄임말)'은 어디에서 온 걸까?"

"아브람을 통해 큰 민족을 이루고, 복을 주사, 그의 이름을 창대케 하며 온 열방이 복을 받게 하시려는 주님의 계획은 어디에 있는가?"

아브람은 처음부터 믿음의 조상이 아니었다. '아브람'을 '아브라함' 되게끔 하신 주님이 부르시고, 훈련 시키시고, 세우게 하셨을 뿐이다. 아브람에게 두려움이 임하자, 그는 자신의 아내를 누이라 속이게 되고, 자신의 아내로 말미암아 안전하고, 자신의 목숨 또한 보존될 것이라 한다. 아내가 어떻게 되든지 상관없이 일단은 아내의 미모로 인해 자신에게 닥칠 불행한 일을 사전에 차단해 보려는 아브람의 대담한 꼼수를 보게 된다.

참으로 아이러니하지 않는가!!

아담과 하와가 실패한 것을 똑같이 아브람도 그 실패를 되풀이 하고 있는 모습이 말이다.

아담과 하와가 실패한 두 가지가 있다. 첫째는, 먹는 문제였고 둘째는, 뱀의 소리(주: 사단의 음성)를 듣고 순종한 것이다. 그로 인해 땅은 저주를 받아 가시덤불과 엉겅퀴를 내게 되었다. 동일하게 아브람도 이 문제에 있어서 실패한다. 첫째는, 하나님이 약속하신 그 땅에 기근이 들자 먹는 문제를 해결하기 위해 애굽으로 내려간 것이고 둘째는, 하나님의 소리를 듣지 않고, '상황과 환경의 소리'를 듣고 반응한 것이다! 그 땅에 기근이 들었을 때 아브람은 다시 제단을 쌓고 주의 음성을 들어야 했다. 그러나 그는 상황과 환경을 해결하기 위해 양식이 풍족한 애굽으로 내려간 것이다.

"정말 중요한 순간에 아브람은 제단을 쌓지 못했다!"

"정말 중요한 순간에 아브람은 하나님의 소리를 듣지 못했다!"

"정말 중요한 순간에 아브람은 상황과 환경의 소리에 귀를 기울이고 눈에 보이는 대로 판단을 하였다!"

"우리는 경험적으로 알고 있지 않은가?"

사람과 환경에 대한 두려움에 매이면 '내로남불'의 인생을 살게 되어 늘 '비겁한 변명'을 가지고 온다는 것을 말이다. 그러나 하나님에 대한 두려움은 '진정한 용기'를 가지고 오게 한다! 코로나로 인해 여기저기서 먹고 살 걱정을 한다. 재정의 두려움과 앞으로의 진로와 눈에 보이지 않은 막막함 속에 갈등하며 한숨이 나오게 하는 상황이 마치 아브람이 약속의 땅에서 기근의 어려움에 처했을 때와 비슷하지 않은가? 그런데 아브람은 하나님의 소리를 듣기보다는 '기근의 소리'을 듣고 반응한 것이 오늘날 우리에게 귀한 교훈이 되고 있다.

"주여! 다시 하나님의 소리를 듣게 하소서."

"주여! 다시 말씀의 제단을 쌓게 하소서."

"주여! 다시 하나님의 얼굴을 구하며 인도함을 받게 하소서."

"주여! 코로나가 주는 이 세상의 소리에 귀를 기울여 반응하지 않고, 말씀의 통제안에 머물며, 성령이 이끌어 가는 하늘의 소리에만 반응하게 하소서."

두려움에 사로 잡힌 바람 잘날 없는 인생아!

　사람을 통제할 수 있는 두 가지 방법이 있다고 한다. 첫째는, 두려움(fear)이고 둘째는, 조정(manipulation)하는 것이다. 이 두 가지를 적절히 잘 사용하면 나의 말만 절대적으로 믿고 따르는 노예로 만들 수 있다고 한다. 이 두 가지 방법은 인류 역사 이래로 가장 효과적이자 지금도 사람들을 통제하고 이끌어 가는데 중요한 수단이기도 하다.

　구약 성경에 나오는 인물 중에 '사람을 두려워함'으로 '하나님을 두려워하지 않는' 대표적인 사람이 있다면 바로 '사울왕' 일 것이다. 사울왕의 인생을 한마디로 표현한다면 '두려움에 사로잡힌 바람 잘날 없는 인생!'이 아닐까 싶다.

　두려움은 내로남불의 인생을 살면서 늘 남 탓과 핑계하는 삶을 살아가게 한다. 우리가 아는 것처럼 사울왕은 처음부터 문제가 있었던 사람이 아니었다. 그는 하나님의 사람이었고, 겸손한 사람이었으며 하나님의 영에 의해 감동을 받은 참으로 왕이 되기에 부족함이 없어 보인 사람이었다. 그런데 그의 안타까운 첫 번째 사건은 그가 왕이 된 지 2년 만에 일어난다.

　사무엘상 13장에 보면 사울의 아들 요나단이 게바(Geba)에 있는 블레셋 수비대를 치매, 블레셋 사람들이 이를 듣고 이스라엘과 싸우려고 하는데 그들이 가진 화력은 이스라엘의 열 배에 해당이 되는 막강한 군사력을 보유하고 있었다. 이스라엘은 삼천 명인데, 블레셋은 병거가 삼만이요, 마병이 육천이요, 백성은 해변의 모래처럼 많은 상황이었다. 어느 누구도 이런 상황에 처해 보지 않고는 쉽게 말을 할 수 없을 것 같다. 이스라엘 사람들은 그 상황이 위급하였고, 절박하여 굴과 수풀과 바위틈과 은밀한 곳과 웅덩이에 숨었고, 심지어 어떤 사람들은 요단을 건너 갓과 길르앗 땅으로 도망을 치기도 하였고 사울을 따른 모든 백성은 떨게 되었다

"이스라엘 사람들이 위급함을 보고 절박하여 굴과 수풀과 바위 틈과 은밀한 곳과 웅덩이에 숨으며 어떤 히브리 사람들은 요단을 건너 갓과 길르앗 땅으로 가되 사울은 아직 길갈에 있고 그를 따른 모든 백성은 떨더라" (삼상13:6-7)

　　나는 이 말씀을 접할 때마다 내가 그 상황에 놓여 있었다면 '나는 어떻게 반응했을까'하고 고민해 본 적이 있었다. 숨는 것도 방법이지만 '나는 살기 위해 요단을 건너가지 않았을까'싶다. 하나님은 이 백성들이 느낀 두려움에 초점을 맞추지 않는다. 오히려 성경 기자는 그 백성의 지도자요 왕이었던 사울이 이 상황에 대해 어떻게 반응하고 있는지를 자세히 기록하고 있다. 우리가 잘 아는 대로 사울은 사무엘이 정한 기한대로 이레 동안 기다렸지만, 사무엘은 오지 않고 백성들은 사울에게서 흩어지자, 제사장이 아닌 왕의 신분으로 제사를 드리는데 이는 하나님 앞에서 큰 '죄'였다.

"사울은 사무엘이 정한 기한대로 이레 동안을 기다렸으나 사무엘이 길갈로 오지 아니하매 백성이 사울에게서 흩어지는지라. 사울이 이르되 번제와 화목제물을 이리로 가져오라 하여 번제를 드렸더니" (삼상13:8-9)

"인생이 왜 이리 내 마음대로 풀리지 않는지 괴로울 때가 얼마나 많은가?"

"어떻게 타이밍이 이렇게 절묘할 수 있을까?"

그렇게 사무엘 오기를 이레 동안 기다렸지만 오지 않다가, 사울 왕이 번제를 마치자 사무엘이 도착을 한 것이다.

"번제 드리기를 마치자 사무엘이 온지라. 사울이 나가 맞으며 문안하매" (삼상13:10)

도착한 사무엘의 마음이 얼마나 비통하고 안타까웠을지는 짐작이 되지 않는다.

사무엘: "왕이여! 지금 무슨 일을 한 겁니까?" (삼상13:11)

사울의 네 가지 반응을 보라! 아담이 범죄하고 난 뒤에 했던 '내로남불'과 너무나 비슷해서 놀라울 지경이다 (삼상13:11-12).

사울: "백성은 내게서 흩어지고" (내 탓이 아니라 '백성 탓'이요!)

사울: "당신은 정한 날 안에 오지 아니하고" (내 탓이 아니라 당신 '사무엘 탓'이요!)

사울: "블레셋 사람은 믹마스에 모여있고" (내 탓이 아니라 '블레셋 사람의 탓'이요!)
사울: "내가 여호와께 은혜를 구하지 못하였고" (내 탓이 아니라 '하나님 탓'이요!)

위의 네 가지 반응을 오늘날 우리가 쓰는 현대적인 문장으로 집약해서 표현한다면 다음과 같을 것이다.

사울: "이 모든 일은 당신 때문이요!"

창세기 3장 12-13절에 아담과 하와가 하나님께서 먹지 말라 명한 그 나무 열매를 먹고 난 이후의 반응과 사울 왕이 범죄하고 난 뒤에 나타난 반응이 너무나 똑같다.

아담: "하나님이 주신 그 여자가 내게 열매를 주었습니다." (내 탓이 아니라 '아내 탓'이요!)

하와: "뱀이 나를 꾀므로 내가 먹었습니다." (내 탓이 아니라 '뱀 탓'이요!)

아담: "제가 언제 여자를 달라고 했습니까?" (내 탓이 아니라 '하나님 탓'이요!)

결국, 사울의 최종 변명은 이렇게 결론이 난다.

"이에 내가 이르기를 블레셋 사람들이 나를 치러 길갈로 내려오겠거늘 내가 여호와께 은혜를 간구하지 못하였다 하고 부득이하여 번제를 드렸나이다 하니라" (삼상13:12)

우리 속담에 '핑계 없는 무덤은 없다'라는 말이 있다. 인류 역사 이래로 우리가 가장 잘하는 최고의 장기는 바로 '핑계'가 아닐까 싶다. 사울 왕의 안타까운 핑계는 '부득이하여' 드렸다는 것이다. 더욱이 부득이하여 드린 번제는 하나님께 은혜를 간구하지 못했다고 하는 '하나님 핑계'로 이어진다. 상황이 어렵고, 환경이 따르지 않고, 리더십은 통하지 않고, 백성들은 떠나가고, 나는 죽게 생겼고 등등 이유야 수도 없이 많지만 결국, 사울 왕은 2년 만에 자신의 바닥을 드러내고 만다.

"아! 서글프다."

"두려움에 사로 잡힌 바람 잘 날 없는 인생이여!"

"남 탓만 하는 내로남불 인생이여!"

1995년 1월 28일 개봉한 '쇼생크 탈출(The Shawshank Redemption, 1994)'이라는 영화는 지금까지도 나의 뇌리에서 잊히지 않는 영화이다. 아마도 그 영화 포스트에 등장하는 주인공이 비를 맞으며 자유를 만끽하는 모습도 인상적이었지만, 포스터에 적힌 글귀가 아직도 머리에 맴돌기 때문이다.

"두려움은 너를 죄수로 가두고, 희망은 너를 자유롭게 하리라!"

이 영화의 백미는 억울한 누명을 쓰고, 쇼생크 감옥에서 20년 동안 감옥 살이를 한 주인공 앤디가 암석을 파는 작은 망치를 사용해 탈출로를 만들었다는 사실이며, 비가 오고 천둥이 치는 날씨를 골라 하수도관을 타고 450미터를 기어 나와 비를 맞는 장면이다. 두 손을 들고 자유를 만끽하는 그 장면은 여전히 나의 마음을 설레게 하는 명장면이다.
"지금 코로나 시대라고 하는 어렵고 힘든 상황에서 우리를 정말 죄수처럼 가두고, 하나님이 우리에게 주신 자유를 빼앗고 있는 것은 무엇일까?"

나에게도 극복해야 할 숙제들이 많이 있다. 주님이 나에게 주신 진정한 '하늘의 기쁨'과 '하늘의 소리'에 집중하지 못하게 하고, 끊임없는 두려움으로 나를 옥죄어 마음에 있는 감옥 안으로 나를 밀어 넣으려는 것들이 있다. 그건 결국 '먹고 사는 문제'일까? 아니면 '사역의 성공'일까? 아니면 '건강과 자녀들의 교육'일까? 아니면 일상의 행복이 '코로나바이러스로 인해 무너져서 오는 우울감과 지쳐가는 무기력함'일까?

자가 격리 시설에 갇혀 있는 것 보다, 더 두렵고 무서운 것은 내가 만든 생각의 감옥에 나 스스로 들어가 거기에 갇혀 사는 편견이 더 무섭고 두려운 법이다. 결국, 진짜 무서운 감옥은 '내가 만든 감옥'이 아니겠는가! 어제 하늘에서 폭포수와 같은 비가 내렸다.

갑작스럽게 비를 맞으며 기도하고 싶은 마음이 들어서 문을 열고 밖으로 나가 하늘을 향해 두 손을 들었다.

"주여! 메마르고 무기력한 우리 심령에 폭포수와 같은 성령의 단비를 부으소서."

"주여! 우리의 모든 더럽고 추악한 모습을 보혈의 피로 씻어 주소서."

"주여! 하늘의 급하고 강한 바람처럼, 하늘의 생기로 우리를 새롭게 하소서."

내 속에 내가 너무도 많다

사무엘상 15장에는 우리가 너무나 잘 아는 이야기가 등장을 한다. 그러나 이 말씀이 우리에게 불편한 것은 사울 왕의 연약한 모습이 우리 안에도 있기 때문이다. 하나님께서 아말렉 족속을 치라는 명령을 내리신다. 아말렉이 이스라엘에게 행한 일 곧 애굽에서 나올 때에 길에서 대적한 일로 벌을 하시겠다는 것이다. 하나님께서 내리신 명령은 아주 구체적이다.

"사무엘이 사울에게 이르되 여호와께서 나를 보내어 왕에게 기름을 부어 그의 백성 이스라엘 위에 왕으로 삼으셨은즉 이제 왕은 여호와의 말씀을 들으소서. 만군의 여호와께서 이같이 말씀하시기를 아말렉이 이스라엘에게 행한 일 곧 애굽에서 나올 때에 길에서 대적한 일로 내가 그들을 벌하노니 지금 가서 아말렉을 쳐서 그들의 모든 소유를 남기지 말고 진멸하되 남녀와 소아와 젖 먹는 아이와 우양과 낙타와 나귀를 죽이라 하셨나이다 하니"(삼상15:1-3)

첫째, 지금 가서 아말렉을 치라.

둘째, 그들의 모든 소유를 남기지 말고 진멸하라.

셋째, 남녀와 소아와 젖 먹는 아이와 우양과 낙타와 나귀를 죽이라.

사울 왕은 백성을 소집하고(보병 이십만명, 유다 사람 만 명) 아말렉을 치는 순종(?)하는 듯한 모습을 보인다. 그러나 아말렉 왕 '아각'을 죽이기는커녕 사로잡고, 그의 양과 소의 가장 좋은 것 즉 기름진 것과 어린 양과 모든 좋은 것을 남기게 된다. 그리고 그는 갈멜에 자신을 위한 기념비를 세우고, 사무엘에게 '내가 여호와의 명령을 행하였다'라고 고백을 한다.

사울이 처음 왕으로 선택하심을 받았을 때 사울의 고백을 기억하는가?

"나는 이스라엘의 가장 작은 지파 베냐민 지파 모든 가족 중에 가장 미약한 자입니다" (삼상9:21)

"그가 짐보따리들 사이에 숨었느니라" (삼상10:22)

"사울이 이 말을 들을 때에 하나님의 영에 의해 크게 감동되매" (삼상11:6)

"여호와께서 오늘 이스라엘 중에 구원을 베푸셨도다" (삼상11:13)

사울 왕의 모습에 교만하고, 오만하며, 불순종해 보이는 모습이 있는가? 아니다! 오히려 겸손한 하나님의 사람, 성령에 의해 충만하며 하나님의 하나님 되심을 인정하는 사울 왕의 리더십을 본다. 물론, 이 모습이 2년 만에 변질이 되었다는 사실이 참으로 안타깝다.

"내가 여호와의 명령을 이행하였나이다!"

이러한 사울 왕의 변명과 핑계에 사무엘은 자신의 귀에 들려오는 양의 소리와 소의 소리는 어찌 됨인지 물었다. 사울 왕의 변명과 핑계를 들어보자.

"무리가 아말렉에게서 끌어온 것입니다." (삼상15:15)

"백성이 당신의 하나님 여호와께 제사하기 위해 가져온 것입니다." (삼상15:15)

아.뿔.싸!

"누구의 핑계를 대고 있는가?"

무리 때문에 했다는 것이다. 백성들이 이렇게 했다는 것이다. 그리고 더욱이 사무엘의 하나님께 제사하기 위해 양들과 소들 중에서 가장 좋은 것을 남겼고 그 외의 것은 진멸했다고 한다. 결국, 사무엘이 믿는 하나님까지 들먹이며 핑계의 도구로 사용하고 있음이 보이는가? 사무엘은 사울 왕의 변명과 핑계에 다시 한번 촉구한다.

사무엘: "어찌하여 왕이 여호와의 목소리를 청종하지 아니합니까?" (삼상15:19)

사울왕: "나는 실로 여호와의 목소리를 청종했습니다." (삼상15:20)

"과연 사실일까?"

그가 여호와의 목소리를 듣고 아말렉 왕을 끌어왔고, 아말렉 사람을 진멸했다고 항변하지만 그의 끝없는 핑계와 변명에 할 말이 없어진다.

사울왕: "다만 백성이 그 멸할 것들 중에서 가장 좋은 것을 가져 왔습니다."
(삼상15:21)

사울왕: "당신의 하나님 여호와께 제사하려고 양과 소를 끌어왔습니다."
(삼상15:21)

사울 왕은 '백성들 때문에' 짐승들을 가져왔다고 한다. 또한, 사무엘이 믿는 '하나님께 제사하기 위해서' 가져왔다고 항변한다. 사울 왕의 시작은 '성령'으로 시작했는데, '육체'로 마치고 있는 모습이 참으로 우리의 가슴을 먹먹하게 만든다.

"왜 그런가?"

사울 왕은 이 모든 것에 대한 책임을 상황 탓, 환경 탓, 백성 탓, 사무엘 탓 그리고 하나님 탓으로 돌리며 비겁한 변명과 핑계의 굴레를 벗어나지 못하고 있기 때문이다. 참으로 가슴 시린 내로남불의 인생을 보여 주고 있다.

"이게 아닌데"

"사울 왕이 처음부터 이런 사람은 아니었는데"

결국, 사울 왕은 자신의 가장 밑바닥에 있는 어두움의 실체를 고백하게 되는데, 그것은 바로 '두려움'이었다.

"사울이 사무엘에게 이르되 내가 범죄하였나이다. 내가 여호와의 명령과 당

신의 말씀을 어긴 것은 내가 백성을 두려워하여 그들의 말을 청종하였음이니이다" (삼상15:24)

　아담이 여호와의 음성을 듣고 두려워하여 숨어 버린 것처럼, 아브라함이 자신의 아내로 인해 자신이 죽을 것에 대한 두려움으로 거짓말을 한 것처럼, 야곱이 자기 형 에서로 인해 두려워하여 예물을 보내고, 형과 같이 길을 가지 않은 것처럼, 모세가 애굽 사람을 돌로 쳐서 죽이고 모래 속에 감춘 것처럼, 참으로 거짓말과 두려움의 두 수레바퀴는 사울 왕 뿐만 아니라 우리의 삶 속에도 이어지고 있다.

　이러한 내로남불 인생의 끝은 결국 '자아 숭배'로 이어지게 된다. 사울 왕은 자신의 죄를 고백하였지만, 결국 내 백성의 장로들 앞과 이스라엘 앞에서 '나'를 높여 나와 함께 하나님을 경배하게 해 달라고 한다. 자기를 위하여 '기념비'를 쌓고, 자신의 잘못을 '타인의 탓'으로 돌리며, 결국에는 '나' 자신을 높여 달라고 한 사울의 인생은 그렇게 끝이 나고 만다.

"사울이 이르되 내가 범죄하였을지라도 이제 청하옵나니 내 백성의 장로들 앞과 이스라엘 앞에서 나를 높이사 나와 함께 돌아가서 내가 당신의 하나님 여호와께 경배하게 하소서 하더라" (삼상15:30)

"처음에는 겸손했는데, 나중에는 교만 해져서 하나님께 버림을 받은 사역자가 될 수 있다!"

"처음에는 주 앞에 엎드렸는데, 나중에는 주님을 밟고 나 자신을 위해 사는 사역자가 될 수 있다!"

"처음에는 하나님의 영에 의해 압도가 되고 통제를 받았는데, 나중에는 성령을 내 마음대로 부리는 주술적인 종교인으로 전락할 수 있다!"

"처음에는 사람을 섬기는 리더십으로 살았는데, 나중에는 사람을 조정하는 폭군이 될 수 있다!"

"처음에는 하나님의 뜻과 음성을 구하는 일에 우선이었는데, 나중에는 나의 경험과 처세술을 더 의지하는 오류를 범할 수 있다!"

이러한 처음 사랑, 정결한 마음 그리고 구원의 감격이 삶을 마감 할 때까지 항상 유지가 된다면 더할 나위 없겠지만, 문제는 처음은 좋은데 끝이 안 좋게 마쳐지는 경우가 너무 많다는 것이 우리의 딜레마인 것 같다.

"나도 한때는,.."

결국 '한때'였을 뿐, 지금 주님의 목소리를 듣지 못하고 있다면 그것만큼 불행한 것이 어디 있을까?

하나님의 '소리'를 매일 들어야 산다

하나님의 마음에 합한 사람이 다윗이라는 이야기를 많이 한다. 그 말의 의미는 다윗이 흠이 없거나, 실수가 없거나, 잘못이 없어서가 아니다. 흠도 있었고, 약점도 있었고 우리와 똑같은 연약함을 가진 성정의 사람이었지만, 하나님이 기뻐하시는 방향으로 가기 위해 몸부림쳤던 다윗의 모습에 하나님께서 감동하셔서 그런 표현을 하신 것이 아닐까 싶다. 우리는 놀라운 기적을 경험하거나, 하나님의 응답을 체험하고 나면, 그 응답과 체험한 경험이 때때로 우리 신앙의 기준이 되고, 표준이 될 때가 많다. 그래서 하나님께서 행하시는 하나님의 일에 대한 방법과 타이밍이 내가 생각한 대로 되지 않을 때 우리는 답답해하거나 당황스러워한다.

다시 말해, 예전에는 하나님께서 이렇게 인도해 주셨고, 이렇게 응답해 주셨고, 이끌어 오셨는데 이번에는 왜 응답을 하지 않으실까 하는 마음을 가지기도 한다. 사무엘하 5장 17-18절에 참 놀라운 사건이 등장을 한다. 다윗이 이스라엘의 왕이 되었다는 이야기를 듣고, 블레셋 사람들이 쳐들어 온 것이다. 그들은 이미 르바임 골짜기에 가득 차게 된 상황이었다.

"이때 다윗은 무엇을 하였는가?"

"적군이 쳐들어온 상황에서는 전략을 짜고, 군사 행동을 하는 것이 맞지 않을까?"

그런데 다윗이 한 것은 하나님께 '물어본' 일이었다.

"블레셋 사람들이 이미 이르러 르바임 골짜기에 가득한지라. 다윗이 여호와께 여쭈어 이르되 내가 블레셋 사람에게로 올라가리이까 여호와께서 그들을 내 손에 넘기시겠나이까 하니 여호와께서 다윗에게 말씀하시되 올라가라 내가 반드시 블레셋 사람을 네 손에 넘기리라 하신지라. 다윗이 바알브라심에 이르러 거기서 그들을 치고 다윗이 말하되 여호와께서 물을 흩음 같이 내 앞에서 내 대적을 흩으셨다 하므로 그 곳 이름을 바알브라심이라 부르니라"
(삼하5:18-20)

누구나 상황이 어렵고 힘이 들면 하나님을 찾는다. 내 힘과 능력으로 할 수 있는 일보다 나로서는 감당 할 수 없는 일이 우리 주변에 그리고 내 삶 속에 얼마나 많이 있는가? 다윗이 참으로 잘하는 일은 '하나님께 물어보는 것'이었다. 다르게 표현하면 '하나님의 소리를 듣는 것'이다. 다윗은 '바알브라심'이라는 곳에서 블레셋 사람을 치면서 하는 말이 '여호와께서 물을 흩음 같이 내 앞에서 내 대적을 흩으셨다'라는 놀라운 고백을 하며 이 승리가 결국 하나님께서 이루신 것이라고 한다. 다윗은 분명 깨달았다. 이 놀라운 전쟁의 승리가 하나님께 있음을 말이다. 그런데 놀라운 것은 이 전쟁 이후에 블레셋 사람들이 다시 르바임 골짜기에 올라와 가득하게 된 것이다.

"블레셋 사람들이 다시 올라와서 르바임 골짜기에 가득한지라" (삼하5:22)

"너무 쉬워 보이는 싸움이 아닌가?"

"이미 써 본 전략이 있지 않은가?"

"이 정도 쯤이야 하는 나의 경험과 생각이 올라 오지 않은가?"

"저번에 싸워서 이겼으니 이번에도 똑같이 싸우면 되겠구나!"

어차피 똑같은 대상을 상대로 싸워야 한다면, 어차피 같은 장소에서 만난 대적이라면 '굳이 하나님께 물어야 할까?' 그런데 다윗은 이 상황에서도 다시 하나님께 묻는 모습을 본다.

"다윗이 여호와께 여쭈니 이르시되 올라가지 말고 그들 뒤로 돌아서 뽕나무 수풀 맞은편에서 그들을 기습하되 뽕나무 꼭대기에서 걸음 걷는 소리가 들리거든 곧 공격하라. 그 때에 여호와가 너보다 앞서 나아가서 블레셋 군대를 치리라 하신지라. 이에 다윗이 여호와의 명령대로 행하여 블레셋 사람을 쳐서 게바에서 게셀까지 이르니라" (삼하5:23-25)

다윗이 하나님께 다시 물었을 때 하나님의 전략은 저번처럼 똑같지 않고 다르게 말씀하셨다. 올라가지 말고 그들 뒤로 가서 기습 작전을 펼치라는 것이다. 하나님께서 앞서서 블레셋 군대를 쳐서 승리를 주시는 분이지만, 하나님은 우리의 지식과 경험과 전략보다 하나님의 최고 전략인 '엎드림'을 통해 하나님의 음성 듣기를 원하시는 것이다. 하나님의 음성을 한 번 듣고, 두 번 듣고 매일 들으며 사는 인생이 복된 인생이지만, 어떠한 상황과 환경 가운데서도 주님께 물으며 듣고 순종하기가 그렇게 쉽지만은 않은 것 같다. 왜냐하면, 다윗이 남편이 있는 밧세바를 데리고 올 때는 하나님께 묻지 않았으니 말이다.

우리는 늘 성공하기 위해 혹은 승리하기 위해서 인생을 살아간다. 그러나 끝이 좋지 않게 마치는 경우가 얼마나 많이 있는가. 누구나 어리고 미숙하고 연약할 때는 하나님께 엎드리고, 기도하고, 예배하며 단을 쌓고 주의 도우심을 구하지만, 시간이 흐르고 세월의 녹록함에 스며들다 보면 인생의 처세술과 익숙함에 파묻혀 내 자신이 어디에 서 있는지, 어떤 방향으로 나아가고 있는지 모를 때가 많이 있다. 대표적인 예로, 우리가 너무나 잘 아는 '다윗과 밧세바 이야기'가 사무엘하 11장에 나온다. 해가 바뀌어 다윗과 그의 부하들이 암몬 자손을 멸하기 위해 출정을 하고, 다윗은 예루살렘 궁에 있는 중에 밧세바가 목욕하는 것을 보고 다윗이 그 여인을 데리고 와서, 동침을 하게 됨으로 벌어진 사건이다.

"저녁 때에 다윗이 그의 침상에서 일어나 왕궁 옥상에 거닌 것은 문제가 아니다!" (삼하11:2)

"그곳에서 목욕하는 한 여인의 아름다움을 본 것도 문제가 아니다!" (삼하11:2)

"다윗이 사람을 보내어 그 여인을 알아보게 한 것도 문제는 아니다!" (삼하11:3)

예루살렘에 머물 수 있고, 침상에서 일어나 왕궁 옥상을 거닐 수도 있고, 목욕하는 한 여인의 아름다움을 볼 수도 있다. 그리고 그 여인의 인적 사항을 확인하기 위해 사람을 보낼 수도 있다. 다윗의 장점인 '여호와께 여쭈어 묻고 듣겠다는 전제조건'만 된다면 말이다!

안타깝게도 사무엘하 11장에서 다윗이 밧세바를 간음하기까지 그가 하나님께 예배를 드렸다든지, 그 이전 전쟁 중에 행했던 '여호와께 물어 이르되'라는 표현이 어디서도 나오지 않는다. 다윗의 다음 행보를 보면 거침없는 하이킥을 보는 것 같다. 분명 남편이 있는 것을 알고도 전령을 보내어 그 여자를 데리고 동침을 하였다. 여기서 사건이 마무리가 되었다면 완벽한 범죄를 꿈꾸었을 텐데, 더 큰 문제는 밧세바가 임신을 한 것이다. 이 사건을 덮기 위해 다윗은 우리아를 불러내어 요압의 안부와 군사의 안부와 싸움이 어떠했는지를 묻지만, 우리는 다 알고 있다. 사람이 죄를 짓고 감추려고 할 때는 말이 많아진다는 것을 말이다.

"다윗이 요압에게 기별하여 헷 사람 우리아를 내게 보내라 하매 요압이 우리아를 다윗에게로 보내니 우리아가 다윗에게 이르매 다윗이 요압의 안부와 군사의 안부와 싸움이 어떠했는지를 묻고" (삼하11:6-7)

그리고 다윗은 고민했을 것이다. 밧세바가 임신을 했으니 이 아이가 내 자식이 아니라, 우리아의 자식이라는 것으로 바꾸기 위해 우리아를 불러 아내와 동침케 하도록 유인을 하지만 우리아는 다윗의 생각대로 움직이지 않는다. 만일 우리아가 다윗의 명대로 집에 내려가 발을 씻고 음식을 먹고 아내와 잠자리를 같이 했다면 자신이 지은 '간음죄'를 교묘히 감출 수 있었을 텐데, 다른 방법이 보이지 않자 결국 다윗은 우리아를 '교살'시키는 악한 일을 꾸미게 된다.

"아침이 되매 다윗이 편지를 써서 우리아의 손에 들려 요압에게 보내니 그 편지에 써서 이르기를 너희가 우리아를 맹렬한 싸움에 앞세워 두고 너희는 뒤로 물러가서 그로 맞아 죽게 하라 하였더라" (삼하11:14-15)

이 편지를 손에 들고 가는 우리아의 모습이 떠오른다. 그 편지에는 자신을 죽이라는 왕의 명령이 적혀 있었는데 그것도 모르고 요압에게 편지를 전달하는 우리아의 모습을 보게 된다.

"어떻게 하다가 다윗이 이렇게 비참히 무너지는가?"

간음, 사건 조작과 은폐 그리고 살인 교사를 하나님의 마음에 합한 다윗은 저지르게 되었다! 우리는 다윗처럼 하나님께 쓰임을 받았던 무수한 사역자들의 이야기를 듣게 된다. 그러나 참 많은 경우에 끝이 좋지 않거나, 안타까운 사건들에 휘말려 불미스러운 소문을 듣기도 한다.

"처음부터 간음하는 사람은 없다!"

"처음부터 사건 조작과 은폐를 하려는 사람은 없다!"

"처음부터 살인 교사 하는 사람은 없다!"

그러나 하나님의 사람들이 넘어지도록 하는 가장 무서운 적이 '익.숙.함'이라는 세 글자라는 사실을 기억해야 한다! 사람은 어떠한 상황과 환경에서도 적응해 나가는 무서운 저력들이 있다. 하나님을 믿고 신앙생활을 하며 사는 우리 모두에게도 마찬가지가 아닐까. 하루하루 살아가는 일상의 삶이 기적임에도 불구하고, 매일 처럼 반복이 되는 일상은 또 하나의 평범함 그리고 익숙함을 가져온다. 그래서 그 익숙함 속에 파묻혀 지내다 보면 점점 주님의 음성 앞에 엎드려 귀를 기울이는 것이 구차해지고, 내 힘과 노력과 수고가 더 현실적이 된다. 다윗을 무너뜨린 것은 다름 아닌 모든 것에 익숙해져 버린 '평범한 일상'이었다.

"왕의 자리에 익숙해지면 그 자리에서 내려와 진짜 왕이신 하나님 앞에 무릎을 꿇지 않는다!"

"승리의 자리에 익숙해지면 승리를 주신 하나님께 더 이상 묻지 않는다!"

"권력의 자리에 익숙해지면 그 권력을 주신 하나님을 두려워하지 않는다!"

"전쟁의 자리에 익숙해지면 전쟁에 능하신 하나님 앞에 엎드려 도움을 구하지 않는다!"

"세상의 소리에 익숙해지면 하나님의 소리가 불편하게 느껴진다!"

평범한 일상에 갇힌 익숙한 환경과 상황들은 내 안의 갈급함을 사라지게 만든다. 왜냐하면, 신앙생활에 있어서 가장 무서운 적은 바로 '익숙함'이기 때문이다. 예배 분위기가 익숙하고, 내가 처한 상황과 환경이 익숙해지고, 하나님을 믿고 지내는 하루하루의 삶이 익숙해지다 보면 나도 모르게 시간이 흘러 '왕의 자리'를 탐내고 있는 내 모습을 보게 될 것이다.

"이 세상의 편리함과 익숙함의 자리에서 박차고 일어나 광야에서 말씀하시는 하나님의 소리를 들어야 우리는 살 수 있다!"

네 번째 소리

혈기의 소리

가인이 무엇을 잘못 했길래?

"다른 무기를 가지고는 우리가 그 무기를 움직이지만, 분노라는 무기는 반대로 우리를 움직인다. 우리의 손이 무기를 조종하는 것이 아니라 그것이 우리의 손을 조종한다. 이 분노라는 무기가 우리를 잡고 있는 것이지, 우리가 이무기를 잡고 있는 것은 아니다" (몽테뉴 수상록에서 인용함)

아담과 하와가 동침해서 낳은 첫 번째 아들이 '가인(주: 얻다)'이다. 하와는 자신의 임신과 출산을 통해 내가 낳은 것이 아니라, 여호와로 말미암아 득남하였다는 놀라운 고백을 한다.

"아담이 그의 아내 하와와 동침하매 하와가 임신하여 가인을 낳고 이르되 내가 여호와로 말미암아 득남하였다 하니라" (창4:1)

그리고 그의 동생 '아벨(주: 헛됨)'을 낳았다. 형 가인은 농사를 지었고, 아우 아벨은 양을 쳤는데 세월이 지난 후에 그들이 여호와께 제물을 삼아 드렸다는 이야기를 우리는 잘 알고 있다. 그런데 아벨은 양을 치는 자라서, 하나님이 받으셨고, 가인은 땅에서 농사를 짓는 자라서 하나님이 받지 않았다고 생각을 한다.

왜냐하면, 아벨이 드린 양의 첫 새끼와 기름은 왠지 예수 그리스도의 어린양이 연상이 되는 영적 의미가 있어서 하나님께 받아들여진 것 같고, 가인이 땅의 소산으로 제물을 삼아 드린 것은 별로 영적 의미가 없어서 하나님께 거절되었다고 생각을 한다. 그러나 레위기에 나오는 5대 제사법인 번제, 소제, 화목제, 속죄제 그리고 속건제를 보더라도 땅의 소산으로 드린 제물이나, 양의 첫 새끼로 드린 제물이나 모두 하나님께서 규정하신 제물이다. 다만, 가인의 제물이 하나님께 거절된 이유가 성경에는 구체적으로 언급되어 있지 않지만, 하나님께서 가인에게 하신 말씀을 통해 유추해 볼 수는 있을 것 같다.

"네가 선을 행하면 어찌 낯을 들지 못하겠느냐. 선을 행하지 아니하면 죄가 문에 엎드려 있느니라. 죄가 너를 원하나 너는 죄를 다스릴지니라" (창4:7)

가인이 땅의 소산으로 제물을 삼아 여호와께 드린 것은 레위기의 제사법에도 언급된 것을 보면 잘못된 제물은 아니다 (레2:1-16). 그러나 그가 드린 제물에 있어서 하나님은 그가 선을 행하지 아니하였다고 언급하신다. 다르게 표현하면 가인이 드린 제사에는 선을 행하지 아니한 어떤 것이 가인의 마음에 작동하여 그의 발목을 사로잡고 있었다는 말씀이다. 그래서 죄가 문에 엎드려 그를 지배하기 위해 틈을 엿보고 있었던 것이다. 가인은 자신의 제물이 열납되지 않자 몹시 분내며 안색이 변하게 된다. 가인은 '분노'라는 무기를 다스리지 못했다. 하나님은 가인이 선을 행하지 아니함으로 죄의 세력에 틈을 주고 있는 삶의 영역을 다스리라고 조언하신다.

"하나님의 음성을 듣고 난 이후 가인은 자신의 죄에 대해 가슴을 치며 통곡하고 회개했는가?" "아니다!!" 오히려 동생을 죽이기 위해 바깥 '들(주: field)'로 불러내고 있지 않은가? 그가 제물을 드리면서 하나님께 어떠한 마음을 가졌는지, 그리고 관계하고 있는 그의 아우 아벨에 대한 마음의 태도와 자세에 있어서 '죄'의 문제가 그의 발목을 잡았다는 사실이 참으로 안타깝다.

우리는 매일 '살인'을 하고 있다

가인은 그의 아우 아벨을 데리고 나가서 들에 있을 때에 그의 아우 아벨을 쳐죽인다.

"가인이 그의 아우 아벨에게 말하고 그들이 들에 있을 때에 가인이 그의 아우 아벨을 쳐죽이니라" (창4:8)

우리 한국 속담에 '피는 물보다 진하다'는 말이 있지만, 성경에 나오는 수많은 사건들을 보면, 그 속담이 참으로 무색해진다. '피는 물보다 결코 진하지 않다!'는 것이 성경의 가르침이자, 인류 역사 이래로 오늘날까지 일어나고 있는 수많은 살인 사건을 뉴스와 인터넷으로 보면서 내리는 교훈이 아니던가! 가인이 그의 아우 아벨을 무슨 말로 들로 불렀는지, 걸어가면서 무슨 이야기를 나누었는지 잘 모르지만, 가인은 이미 마음으로 살인을 하였고, 그것을 실행에 옮기기 위해 약간의 시간이 필요했을 뿐이다.

가인은 자신을 '살인자의 종'으로 내주어 죄가 원하는 대로 움직였다. 그 죄가 자기 마음의 문 앞에 이르러 원하고 있는 것을 그는 그대로 받아들여 실천에 옮겼다. 죄의 세력이 가인을 원했지만, 가인은 죄를 다스려야 했다. 그러나 그는 자신을 죄의 종으로 내주어 사망에 이르는 삶을 선택하게 된다. 사실, 들에 있을 때 아벨을 죽인 것이 아니라 이미 그전에 마음으로 죽인 것이다.

"옛 사람에게 말한바 살인하지 말라 누구든지 살인하면 심판을 받게 되리라 하였다는 것을 너희가 들었으나 나는 너희에게 이르노니 형제에게 노하는 자마다 심판을 받게 되고 형제를 대하여 라가라 하는 자는 공회에 잡혀가게 되고 미련한 놈이라 하는 자는 지옥 불에 들어가게 되리라" (마 5:21-22)

참으로 놀라운 사실은, 오늘날 그리스도인들이 드리는 예배, 예물, 헌신, 섬김이 교회나 믿음의 공동체 안에서 인정받지 못할 때 우리도 가인과 똑같은 반응을 보이는데, 이것을 나는 '가인 콤플렉스(Cain complex)'라고 명명하고 싶다. 다시 말해 나의 열정, 나의 헌신, 나의 사랑, 나의 헌금 그리고 내가 주님을 위해서 드리고 헌신한 모든 것들이 하나님께 열납 되지 못할 때 우리 안에 감추어져 있었던 못된 혈기와 욕심이 하나님의 빛 가운데 드러나게 된다. 그러나 역사 속에서 늘 그래왔듯이 말씀 앞에 엎드려 회개하고 하나님의 소리에 순종한 사람들보다는 가인처럼 끓어오르는 혈기, 미움, 시기 그리고 비난의 모습들이 오늘날 우리가 섬기고 있는 교회와 공동체 안에 여전히 맴돌고 있다는 사실이 무섭기까지 하다.

예전에 교회 전도사로 사역을 할 때 교도소를 방문해서 찬양팀과 함께 찬양 인도를 하게 되었다. 뉴스나 드라마에서 보던 교도소 방문을 앞두고 나는 묘한 기분을 느꼈다. 당일 신분 검사를 하고 철조망 뒤에 위치한 교도소 안으로 들어가는데 문을 닫는 철장 소리에 나의 심장 박동수는 빨라지고 있었다. 푸른 죄수복을 입은 사람들 앞에서 찬양 인도를 먼저 하기 위해 섰을 때 나에게는 교도소 안에 있는 사람들에 대한 어떤 편견과 불신이 있었다. 어떻게 사역을 했는지 생각할 겨를도 없이 후다닥 사역 일정을 마치고 교도소 밖으로 나오는 순간 긴장감이 풀리면서 안도의 한숨을 쉬게 되었다. 기쁜 마음으로 차를 타고 교회로 오는 길에 성령께서 이런 질문을 던지시는 것 같았다.

"교도소에 있는 사람들은 '들킨 죄인'이고, 너는 '들키지 않은 죄인'이다!"

다르게 표현하면 교회에서 직분을 받아 사역하는 나 자신이나 교도소에서 죄의 값을 치르고 있는 사람이나 하나님의 관점에서는 똑같은 죄인임을 깨닫게 해 주신 것이다. 하나님의 소리를 듣지 않고 세상의 소리, 육신의 소리, 그리고 어두움의 소리를 들으며 육신대로 살다가 죄의 값을 교도소에서 치르고 있는 사람들이 불쌍한 것이 아니다. 자칭 하나님의 소리를 듣는다고 말하고, 예수님을 믿음으로 구원을 받았다고 고백했지만, 교묘히 나의 '혈기'를 감추고, 속이고, 은폐하고, 신앙의 이름으로 '들키지 않게' 잘 지내고 있다고 생각한 '나의 이중성'을 성령께서 고발하신 것이다.

나는 잘 모릅니다

참으로 가슴이 아프고, 부끄러운 일이 초등학교 때 발생을 하였다. 먼 기억이기는 하지만 여동생에게 참으로 가슴 아픈 사건임에는 틀림이 없다. 어느 추운 겨울날 동네 근처에 있는 공터에 얼음이 얼어서 눈썰매를 타러 여동생과 같이 나갔다가 서로 장난치는 중에 실수로 여동생의 한쪽 눈이 송곳에 스치고 말았다. 어찌 된 일인지 여동생은 눈을 감았고, 뭔가 눈이 이상하다고 해서 급히 집으로 돌아가 부모님께 말씀드렸다. 부모님은 나를 다그쳤고, 나는 서로 놀면서 장난치다가 그렇게 된 것이라 에둘러 나 자신을 변명하였다.

부모님: "어떻게 된 일이냐?"

요나: "나는 잘 모릅니다."

요나: "어떻게 이런 일이 생기게 되었는지 잘 모릅니다."

그 일로 인해 결국 여동생은 한쪽 눈의 시력을 잃게 되었다. 많은 병원을 옮겨 다니며 치료를 했지만 결국 눈에 있는 신경이 회복되지 못해 지금도 한쪽 눈의 불편함을 가지고 살아가고 있다. 철저히 나의 잘못으로 인해 그렇게 된 것이다. 여동생을 볼 때마다 그 사건에 대한 기억과 아픔이 나의 가슴을 때리곤 한다. 세월이 흘러 주님을 만나고, 거듭난 이후에 나는 여동생에게 나의 죄를 토설하고, 용서를 구했지만, 그때의 잃어버린 시간을 되돌리기에는 너무 멀리 온 것 같다. 하나님께서 가인에게 찾아오셔서 물으신다. 범죄 한 아담에게 찾아오셔서 물으신 똑같은 질문을 가인에게도 하신다. 놀랍게도 가인 또한 자기 부모가 하나님께 한 그대로 자기 자신을 변명하고, 핑계를 대며 합리화하고 있다.

"여호와께서 가인에게 이르시되 네 아우 아벨이 어디 있느냐 그가 이르되 내가 알지 못하나이다. 내가 내 아우를 지키는 자니이까" (창4:9)

뱀의 소리를 듣고, 하나님과 같이 되어 선악을 알기 원했던 아담과 하와는 여호와 하나님의 소리를 듣고 그분께 나아온 것이 아니라, 하나님의 낯을 피하여 동산 나무 사이에 숨었다. 하나님의 소리를 듣고 두려워하여 숨어 버린 아담과 하와의 본성이 그대로 가인에게도 드러나고 있다. 가인의 반응을 보라 (창4:9).

하나님: "네 아우 아벨이 어디 있느냐?"

가인: "내가 알지 못하나이다!"

가인: "내가 내 아우를 지키는 자니이까?"

가인도 자신의 갈 길을 잃어버린 자이다. 하나님과의 관계가 바르지 못함으로 인한 자신의 혈기로 동생을 죽이고, 자신의 죄와 살인의 피 값에 대해 완전히 '부정'하며 스스로 '합리화'하는 모습은 오늘을 살아가고 있는 이 사회와 우리 공동체 안에서도 동일하게 목격되는 장면들이 아닌가!

"마음에서 나오는 것은 악한 생각과 살인과 간음과 도둑질과 거짓 증언과 비방이니 이런 것들이 사람을 더럽게 하는 것이요 씻지 않은 손으로 먹는 것은 사람을 더럽게 하지 못하느니라" (마15:19-20)

"우리는 언제쯤 정직하게 자신의 삶을 드러내며, 말씀의 수술대 위에 누울 수 있을까?"

"지금까지 변명하고, 핑계를 대고, 거짓말을 하고, 자기 자신을 보호하기 위해 합리화했던 모든 시간은 이제까지 충분하지 않은가?"

하나님을 떠나 사는 인생의 비루함을 어찌할꼬!

하나님을 떠나 사는 인생은 참으로 피곤하다. 결국, 가인에게는 세 가지 사건이 발생을 하게 된다. 첫째는, 여호와 앞을 떠나게 되었고 둘째는, 에덴 동쪽 '놋 땅'에 거주하게 되었으며 셋째는, 그가 '성(a city)'을 쌓았다는 것이다.

"가인이 여호와 앞을 떠나서 에덴 동쪽 놋 땅에 거주하더니 아내와 동침하매 그가 임신하여 에녹을 낳은지라. 가인이 성을 쌓고 그의 아들의 이름으로 성을 이름하여 에녹이라 하니라"(창4:16-17)

가인이라는 이름의 의미는 참으로 복된 의미를 지니고 있다. 아마도 그의 부모인 아담과 하와에게 주신 특별한 영적 의미가 있지 않았을까 싶다. 그리고 그의 아들의 인생이 그 이름대로 얻어지고, 더하고, 부족함이 없는 삶을 살기를 기대하며 지은 이름일 것이다.

그러나 그 이름과는 반대로 가인의 인생은 더해지는 인생이 아니라 '떠나는 인생'이 되었다. 아담과 하와가 하나님이 친히 지으신 동방의 '에덴(주: 기쁨)' 동산에서 하나님과 함께 거닐며, 주의 음성을 들으며, 주와 깊은 연합과 교제의 시간을 보냈지만, 결국 죄로 인해 에덴동산에서 나오게 되지 않았던가! 이제 그 부모를 이어 가인도 여호와 앞을 떠나게 된 것이다! 하나님의 품을 떠나는 인생이 얼마나 비참하고, 불쌍하며, 비루한 삶인가!

　　결국, 가인은 여호와 앞을 떠나 에덴 동쪽 '놋(주: 유리, 방황의 뜻)' 땅에 거주하게 된다. 에덴이라는 하나님의 동산, 하나님의 기쁨, 하나님의 임재가 있는 곳을 벗어나면 우리를 기다리고 있는 땅은 '유리'하며 '방황'하는 땅을 만나게 된다. 성경 히브리어에서 동쪽이라는 말은 별로 좋은 의미가 아니다. 동쪽은 성경에서 앞쪽을 가리키는 방향인데, '에덴의 동쪽'이라는 말은 결국 하나님의 기쁨에서 벗어난 곳, 즉 하나님의 임재와 보호하심이 닿지 않는 곳을 뜻한다. 옛날 TV 드라마나 영화 같은 곳에 에덴의 동쪽이라는 제목으로 나온 것이 있는데, 내용이나 분위기를 보면 대개 '반항적인 이미지' 혹은 '뭔가 불미스러운 사건과 사고'가 나오는 이유가 바로 에덴의 동쪽이 의미하는 바가 그런 것이기 때문이다.

"가인이 여호와 앞을 떠나서 가장 먼저 한 일은 무엇인가?"

　　그것은 '성(a city)을 쌓는 일'이었다 (창4:17). 에덴동산에서는 성(a city)을 쌓을 필요가 없었다. 왜냐하면, 하나님이 나의 성루가 되시고, 보호자가 되시고, 인도자가 되시는 분이기에 무엇으로부터 보호해야 하고, 보호받아야 할 그 무언가를 만들 필요가 없었지만, 이제 하나님을 떠난 가인은 성(a city)을 쌓아야만 안정감을 누릴 수 있게 되었다.

"누구를 위한 성(a city) 일까?"

　　자기 자신을 위한 성(a city)을 만든 것이다. 여호와 앞을 떠난 가인은 자신이 땅에서 피하며 유리하는 자가 될 것을 알았다. 또한, 무릇 자신을 만나는 자마다 자신을 죽이게 될 것이라며 두려워한다. 그러나 하나님은 가인에게 은총을 베푸사 죽임을 면하게 하는 '표(주: mark, sign)'를 주시고, 보호해 주실 것을 약속하셨다. 그렇지만 가인은 자신을 위해 성(a city)을 쌓는다. 하나님을 떠난 인생은 이렇게 무언가를 끊임없이 쌓아서 나를 보호해야 하고, 내가 지켜야 할 그 무언가를 끊임없이 보호해야 하는 비루한 인생을 살게 된다. 가인은 하나님을 떠나 자기가 거주하고 싶은 에덴의 동쪽(주: 놋 땅)에 거주하였지만, 그의 고백대로 땅에서 피하며 유리하는 인생으로 살다가 그렇게 마감을 하는 모습이 참으로 안타깝고 비루해 보인다.

혈기가 가지고 있는 '양날의 검'을 조심하라!

어느 시대에나 영웅은 늘 있어왔다. 특히, 나라가 어지럽고 압제 가운데 있을 때 난세는 '영웅을 필요로 하는 법'이다. 하나님은 하나님의 방법으로 믿음의 용사들을 준비시키고 어려운 시대마다 놀라운 방법으로 구원의 역사를 이루어 가시는 분이다. 물에서 건짐을 받은 자 모세의 탄생과 성장 배경이 그러했다. 모세는 애굽 사람의 모든 지혜를 배웠고 그의 말과 하는 일이 능했던 사람이었다. 그렇게 왕자의 아들로 살아가던 모세는 나이 사십 세가 되었을 때 그 형제 이스라엘 사람을 돌볼 생각이 나게 되었다. 모세는 장성하는 동안 그의 나이 사십 세가 될 때까지 자신의 동족인 이스라엘 자손에 대해 돌아볼 생각을 하지 않았다. 오히려 그는 애굽의 화려한 궁궐 안에서 그들의 모든 지혜와 말과 여러 행사들을 완전히 알게 된 특권을 누리게 된다. 그렇게 평생 화려한 궁궐 안에서 살아도 될 모세에게 나이 사십 세는 그의 인생을 전혀 다른 방향으로 이끌어 가게 된다. 그가 가지고 있었던 자신의 동족을 돌아보려는 그의 '혈기'가 한순간 애굽 사람을 '살인'하는 결과를 가지고 온 것이다.

"나이가 사십이 되매 그 형제 이스라엘 자손을 돌볼 생각이 나더니 한 사람이 원통한 일 당함을 보고 보호하여 압제 받는 자를 위하여 원수를 갚아 애

굽 사람을 쳐 죽이니라" (행7:23-24)

혈기를 다른 말로 열정, 원기 왕성 혹은 에너지 넘치는 이라는 단어로도 표현이 된다. 모세를 오늘 우리가 쓰는 표현으로 각색을 하면 '열혈남아' 혹은 '불꽃청춘' 정도로 쓸 수 있지 않을까 싶다. 그러나 피 끓는 열정을 가진 모세의 혈기는 '살인의 도구'가 되었다. 모세는 사람을 죽이고 모래 속에 감춘 뒤 이튿날 다시 나가서 일을 볼 정도로 자신이 한 정당한 행동에 대해 아무런 거리낌이 없었다. 그런데 이제는 같은 동족끼리 싸우는 것을 본 것이다. 어제는 애굽 사람이 자신의 동족을 치는 것을 보고 애굽 사람을 쳐 죽였는데, 이제는 같은 히브리 사람이 서로 싸우는 것을 본 것이다. 물론, 모세는 그사이에 끼어들어 잘못한 사람을 꾸짖지만, 그로 인해 모세는 자신이 사람을 죽인 일이 탄로 나게 되었다. 때때로 우리가 가지고 있는 혈기는 우리의 눈과 귀를 막고 무엇을 했는지, 무엇을 잘못했는지 분별력을 상실하게 만들기도 한다. 결국, 모세는 바로의 낯을 피하여 미디안 땅에 머물며 도망자의 인생을 살게 된다.

"바로가 이 일을 듣고 모세를 죽이고자 하여 찾는지라. 모세가 바로의 낯을 피하여 미디안 땅에 머물며 하루는 우물 곁에 앉았더라" (출2:15)

요즘 시대 교회 사역자를 뽑을 때 가장 선호하는 0순위는 '열정이 충만한 사람'이 아닐까 싶다. 하나님을 참으로 만났다면, 진정으로 성령 안에서 거듭났다면 그러한 인생에 반드시 변화가 따라오기 마련인데 가장 대표적인 특징은 '열정'이 생겨나는 것이다.

보이는 세상에 '올인'하며 살던 사람이 이제는 보이지 않은 영원한 왕이 되시는 그분만을 주목하고, 그 길을 향해 걸어가는 '하늘의 사람'이 되는 것이다. 어떤 분은 이렇게 말씀을 하기도 하신다. "열정이 있으면 다 있는 것이고, 열정이 없으면 다 없는 것이다!"

대학교에 입학해서 예수님을 처음 인격적으로 만난 곳은 마산에 있는 'OO교회'에서 예배드리던 '채플(chapel)' 시간이었다. 신입생들을 위한 채플 모임에서 '예수 영화' 상영을 하게 되었는데 그 예수 영화와 복음의 메시지를 통해 나는 중생의 경험을 하게 되었다. '어떻게 사람이 하루아침에 바뀔 수 있을까?'라는 생각을 하지만, 하나님이 하시면 사람은 하루아침에도 충분히 바뀔 수 있다는 것을 알게 된 것이다. 그때 자연스럽게 주어졌던 대표적인 특징이 바로 '열정'이었다. 복음에 대한 열정, 영혼에 대한 구령의 열정, 캠퍼스 전도에 대한 열정, 사역에 대한 열정, 예배와 기도에 대한 열정 그리고 민족과 열방에 대한 선교의 열정은 지극히 정상적인 그리스도인이라면 당연히 있어야 할 '외적 표식'이어야 했다. 그리고 그 열정에 집어삼켜져서 캠퍼스 사역, 제자 훈련, 전도 여행 그리고 예배와 소그룹 인도 등 수년간 제자의 삶을 살며 민족 복음화, 세계 복음화 그리고 교회 사역까지 이어지게 되었다.

예수를 믿지만, 열정 없이 교회 다니는 사람들을 볼 때마다 안타까움과 함께 판단하는 마음도 참으로 많이 가졌었다. 그러나 그러한 열정에 집어삼켜져서 수년간 훈련받으며 지냈지만, 그 열정으로 인한 나의 고집과 교만과 이기심은 잘 제어가 되지 못했다. 그 모든 것이 다 열정이라는 이름으로 덮여지기도 하고, 포장되어 사람들에게 드러나기도 했다. 진정한 나의 모습은 열정으로 충만한 모습이 아니었는데, 나는 그것이 나의 진정한 모습이라고 스스로 믿고 있었다.

"진정한 나의 모습은 열정이 어느 정도 식어지고 난 뒤에 나 홀로 집에 있을 때였다!"

"진정한 나의 모습은 열정이 사그라지고, 아내와 자녀들과의 인격적인 관계를 맺어가는 일상의 삶을 통해서 드러났다!"

"진정한 나의 모습은 열정 있게 무슨 모임과 예배를 인도할 때가 아니라, 매일 주 앞에 엎드려 그분의 소리에 귀를 기울이고 맡겨진 일을 어떤 마음의 자세로 임하느냐에 달려 있었다!"

"열정이 있으면 다 있는 것이고, 열정이 없으면 다 없는 것이다."라는 말에 부분적으로 동의가 되지만 이제 나는 이 말을 이렇게 바꾸고 싶다.

"열정이 있으면 다 있을 수도 있지만 다 없을 수도 있다!" 왜냐하면, 열정이라는 것이 '양날의 검'이 되어 나 자신을 헤치기도 하고, 다른 사람에게 피해를 주기 때문이다. 이제는 열정이라는 마스크를 잠시 벗고, 나 자신을 멀리서 바라볼 줄 아는 안목과 지혜가 필요하다고 생각한다. 그렇지 않으면 주님이 말씀하지 않았는데도 내가 가진 그 열정에 압도되어 내가 주님보다 먼저 앞서서 행하는 실수를 범하기 때문이다.

너무 늦은 건가요?

모세는 자신의 열정에 압도되어 사람을 죽이고, 미디안 광야로 도망을 친다. 모세는 자신을 죽이려는 바로의 낯을 피해서 도망을 쳤지만, 그의 내면에서 울린 마음의 소리는 '하나님의 낯'을 피해서 도망을 친 것은 아닐까 생각한다. 애굽의 왕자에서 이제는 사람을 죽인 살인자로 도망을 친 모세는 정말 하루아침에 천국과 지옥을 경험한 사람이 되었다.

"모세가 얼마나 자신의 부모와 가족을 그리워하며 지냈을까?"

"모세가 얼마나 자신이 한 과거의 잘못된 행동에 대해 두고두고 후회하며 가슴 아파했을까?"

"모세는 하나님이 자신을 버렸다고 생각하지는 않았을까?"

이렇게 모세는 광야에서 하루하루 양 떼를 치며, 평범한 유목민의 삶을 살아가게 된다.

"그를 기억하는 사람은 아무도 없다!"

"그가 예전에 애굽의 왕자였다는 사실을 아는 사람도 없다!"

"그가 애굽의 모든 학문과 행사에 능통한 실력자였다는 것을 알고 있는 사람은 아무도 없다!"

"어느 누구도 그에게 관심을 갖지 않는다!"

"그런데 이게 웬일인가?"

그저 하루 하루 양떼를 치며 살아가던 그에게 하나님은 40년 만에 찾아오셨다!

"모세가 그의 장인 미디안 제사장 이드로의 양 떼를 치더니 그 떼를 광야 서쪽으로 인도하여 하나님의 산 호렙에 이르매 여호와의 사자가 떨기나무 가운데로부터 나오는 불꽃 안에서 그에게 나타나시니라. 그가 보니 떨기나무에 불이 붙었으나 그 떨기나무가 사라지지 아니하는지라" (출3:1-2)

아. 뿔. 싸!

"하나님이 모세를 너무 늦게 찾아오셨다는 생각이 들지 않은가?"

"하나님께서 모세의 나이를 잠시 착각을 하신 것은 아닐까?"

하나님은 열정이 충만하고, 패기가 넘치며 사명감이 투철했을 모세의 나이 사십 세 때 부르지 않으셨다. 오히려 미디안 땅에서 장인 이드로의 양 떼를 치며 기르고 있었던 모세의 나이 팔십 세에 부르셨다. 하나님의 부르심과 은사에는 후회하심이 없기에 하나님은 하나님의 때에 하나님의 방법으로 하나님의 일을 하시는 분이다.

그래서 우리는 원하는 때와 방법과 결과물이 내 생각대로 나오지 않을 때 우리는 실족하기도 하고, 실망과 당황스러움에 매몰되기도 한다. 그러나 중요한 것은 모세가 지나온 고난의 세월이 아니다! 모세가 저지른 범죄와 은폐 그리고 도망자의 삶을 살아온 그의 인생도 아니다! 정말 중요한 것은 모세를 통해 하나님은 아브라함과 이삭과 야곱에게 하신 그 신실하신 언약을 이루시는 그분의 선하심과 위대하심에 있다! 내가 처한 상황과 환경이 어떠하든지, 내가 저지른 실수와 과거가 얼마나 어둡고 더럽고 추악하든지 그것은 나에게 문제가 되지만, 그분의 부르심과 일하심은 우리의 모든 부족함을 감싸기에 충분하다!

"갈 길을 잃었다 할지라도,."

"그분과의 첫사랑과 음성을 놓치고 살았다 할지라도,."

"사역에 매여 기도와 말씀의 끈을 놓았다 할지라도,."

"과거의 잘못된 혈기와 실수로 인해 내 삶을 포기했다 할지라도,."

"나 자신이 용납되지 않아 지금도 고민하며 힘겨워한다 할지라도,."

"아버지는 찾아오신다!!"

그리고 말할 수 없는 사랑과 용납하심으로 나를 다시 받아주신다. 왜냐하면, 내가 가진 어두움과 더러움과 패역함보다 아버지의 심장에서 뿜어져 나오는 빛과 사랑과 용납하심은 그 모든 것을 품고도 남음이 있기 때문이다.

"사랑하는 아들아! 딸아! 아직 늦지 않았다. 왜냐하면, 너를 향한 나의 시간표는 완전하기 때문이다!"

꼼수의
소리

꼼수와 '대가지불'

구약 성경에 나오는 여러 인물들 중에 '두려움'하면 대표적으로 떠오르는 두 사람이 있다. 한 사람은 야곱이고, 또 한 사람은 사울왕이다. 야곱의 인생을 한 마디로 정의 한다면 '험악한 세월을 보낸 인생'이라 할 수 있고, 사울왕의 인생은 '두려움에 바람 잘날 없는 인생'이라 할 수 있을 것이다. 우리는 성경을 통해 에서와 야곱의 이야기를 많이 들어서 알고 있다. 그러나 만약 처음 듣는 사람한테 '에서와 야곱 중에 누가 더 인간적인 매력이 있나요?'라고 묻는다면 분명 '에서'라고 대답할 것이다. 왜냐하면, 다음과 같은 세 가지 이유 때문이다. 첫째는, 에서가 아버지의 기업을 이을 '장자권'을 가진 백마 탄 왕자와 같은 신분을 가진 사람이었고 둘째는, 그의 직업이 '사냥'을 하는 사람 즉 가족의 생계를 책임질 줄 아는 사람이었으며 셋째는, 남자답고 호탕하며 자기 주도적인 성향을 가진 '상남자'였기 때문이다. 그런데 놀랍게도 하나님의 언약은 에서가 아니라, 야곱을 통해서 이루어져 가는 것을 보게 된다. 하나님의 일은 나의 방법과 생각과 계획이 아니라, 하나님의 때에 하나님의 시간표에 정확하게 이루어져 가는 것이다. 내가 가진 연약함과 부족함과 상처로 인해 넘어지고 깨어지고 실수를 했다고 하더라도, 하나님의 약속은 하나님의 시간표 안에 반드시 이루어져 가는 것을 야곱의 일생을 통해서 배우게 된다.

야곱의 아버지 이삭은 나이 사십 세에 리브가을 만나 결혼을 하지만, 이삭의 나이 육십 세에 야곱이 태어난다. 그러나 야곱의 탄생은 참으로 예사롭지가 않은 것 같다. 우선은 태 속에서 서로 싸우게 돼서 부모의 근심이 되어 하나님께 물어볼 정도였다.

"그 아들들이 그의 태 속에서 서로 싸우는지라. 그가 이르되 이럴 경우에는 내가 어찌할꼬 하고 가서 여호와께 묻자온대" (창25:22)

또한, 해산할 즈음에 형 에서의 발꿈치를 잡고 나온 참으로 독특한 출생을 야곱은 하게 된다. 우리가 너무나 잘 알듯이 야곱은 그 이름의 뜻대로 '약탈하는 자' 혹은 '속이는 자'라는 뜻이다.

"우리의 인생 전부를 조명해 주는 너무나 귀한 이름이라는 생각은 왜 드는 것일까?"

그러나 무슨 연유에선지 이 가정 안에서도, 장자인 에서는 아버지의 사랑을 받게 되고, 차자인 야곱은 어머니의 사랑을 받으며 성장하게 된다. 이러한 가정의 유형을 상담학에서는 '역기능 가정(Dysfunctional family)'이라고 부른다. 다르게 표현하면 가족 구성원들과의 관계가 건강하지 못하고, 정서적인 필요가 제대로 채워지지 않는 가정을 말한다. 부모의 편애는 가족 구성원들과의 관계 형성에 긴장감과 불안감을 조성하고, 정서적인 안정감을 누리지 못하게 하는 위험 요소를 가지고 있다. 이삭이 늙어 자녀를 축복하는 상황에서 야곱은 에서의 옷을 입고, 에서의 목소리를 모방해서 결국 아비의 축복을 받아 가게 된다. 태어날 때부터 펴지지 않았던 야곱의 손은 형의 장자권을 빼앗고 이제 더욱 '움켜진 손'으로 아버지의 축복마저 훔치려고 하고 있다.

야곱: "아버지! 제가 왔습니다." (창27:18)

이삭: "넌 누구냐?" (창27:18)

야곱: "아버지의 맏아들 에서입니다!" (창27:19)

야곱은 여기서 '에서'입니다 라고 하지 않았다!

"그는 '아버지의 맏아들 에서'입니다 라고 했다!" 거짓말도 하려면 분명한 확신과 목적을 가지고 해야 설득이 되는 것 같다. 나는 에서가 아니라, '아버지의 맏아들 에서'입니다 라고 이야기를 하면서 아버지의 의심을 사전에 차단하고, 확신을 심어주려는 야곱의 의도가 보인다. 또한 아버지의 신뢰를 얻기 위해 다음과 같이 부연 설명을 한다.

야곱: "아버지께서 나에게 시키신 대로 내가 하였습니다!"(창27:19) 철저히 내가 원하는 것을 얻기 위해 야곱은 아버지의 명령을 충실히 수행해 왔음을 증명하고 있다.

"참 대단한 협상력이자, 순발력이지 않은가!"

이삭: "내 아들아! 네가 어떻게 이같이 빨리 별미를 만들어서 왔느냐?"(창27:20) 이삭의 이러한 질문은 참으로 타당해 보인다. 분명 얼마 전에 사냥하러 나간 에서인데, 벌써 짐승을 잡아 별미를 만들어 빨리 가지고 오니 이런 질문이 당연했을 것이다. 그런데 야곱은 움츠러들거나, 긴장한 모습을 보이지 않고 대범하게 '하나님의 이름'을 이용한다.

야곱: "아버지의 하나님 여호와께서 나로 순조롭게 만나게 하셨습니다!"
(창27:20)

"뻔뻔해도 이렇게 뻔뻔할 수 있을까!"

"야곱은 아버지 이삭의 하나님 여호와의 이름을 자기 유익을 위해서 이용하고 있다."

이 정도 설명하고 변증했으면 축복할 만도 한데, 이삭은 다시 한번 확인을 하고자 자신에게 가까이 오라고 한다. 어쩌면 야곱의 심장이 가장 뛰는 순간이지 않았을까 싶다. 왜냐하면, 에서는 익숙한 사냥꾼이자 들 사람으로 살면서 털이 많은 사람이었고, 야곱은 조용한 사람으로 장막에 거주하며 성장하였기에 매끈매끈한 사람으로 살았다. 다시 말해, 에서와 야곱은 목소리와 체형 그리고 신체 구조가 서로 달랐기 때문에 손으로 만지면 발각이 될 수 밖에 없었다.

이삭: "내 아들아! 가까이 오거라. 과연 내 아들 에서인지 내가 만져보고 싶구나."(창27:21) 야곱의 입장에서는 가장 숨 막히고, 떨리는 순간이었을 것이다. 발각이 되면 아버지와 가족의 명예를 실추시키는 무척 중대한 범죄가 되기 때문이었다.

야곱: "...." (아마도 야곱은 마음속으로 무척 긴장을 많이 했을 것이다)

이삭: "참 내 아들 에서냐?" (창27:24)

이삭은 나이 많아 눈이 어두워 잘 보지를 못했다고 하니, 이삭이 취할 수 있는 최선의 방법은 물어보는 것과 만지는 것 말고는 다른 방법이 없었을 것이다.

야곱: "네! 접니다." (창27:24)

참으로 기가 막힌 타이밍이다. 야곱이 축복을 받고 나가자 곧 에서가 사냥에서 돌아오니 말이다. 그날 이후로 에서는 칼을 갈게 된다. 죽임을 면한 야곱은 이제 부모를 떠나 도망자의 삶을 시작하게 되는데 리브가의 말대로 잠시 떨어져 있을 거라 생각한 몇 일이 결국 이십 년의 세월이 걸릴 줄은 야곱도 몰랐고, 리브가도 몰랐다. 꼼수로 시작한 인생 그리고 손으로 움켜진 그의 손이 펴지기까지는 수많은 인고의 세월이 걸렸다. 꼼수에는 반드시 '대가지불'이 따른다는 것을 기억해야 한다.

꼼수와 '두려움'

"우리의 움켜진 손이 펴지기 위해서는 어떻게 하면 될까?" 우리의 움켜진 손이 문제가 아니라, 나의 마음에 무언가 자리 잡고 평생 거기에 종노릇 하며 사는 것이 더 큰 문제가 아니겠는가! 야곱에게는 참으로 뛰어넘기 힘든 '아킬레스건'이 있었는데 그것은 '두려움(fear)'이었다. 나에게도 남들에게 말하지 못했던 아킬레스건이 있었다. 그것은 38년 된 '소레아시스(주: Psorasis, 심상선 건선 피부병)'라는 피부병 질환이다. 이 병은 지금까지도 나에게 말할 수 없는 고통과 아픔을 주는 육체적인 가시이다.

초등학교 때부터 시작이 된 '말더듬'과 '피부병' 그리고 아버지의 '알코올 중독'이라는 삼중고는 나의 인생에 허락 없이 찾아온 불청객과 같았다. 처음에는 단순히 피부병이라 생각해서 약을 먹고 바르면 나을 줄 알았는데, 시간이 지날수록 낫지 않고 점점 심해져 머리끝부터 발끝까지 온몸이 시뻘건 문둥이 같은 이상한 피부 딱지 모양을 보면서 나는 나 자신을 보호해야만 했다. 세상에서 손가락질을 받을 수 있다는 두려움, 친구들로부터 따돌림을 당하며 비웃음을 받을 수 있다는 두려움, 결혼도 하지 못하고 평생 외로움 속에 살 수밖에 없다는 운명론적인 절망감 그리고 사시사철 항상 긴팔과 긴바지를 입고 다녀야 할 고통이 나를 벼랑 끝으로 몰아가고 있었다.

이 피부병을 고치기 위해 이리 뛰고 저리 뛰고 하던 어느 날 피부병을 잘 고친다는 '무당 할머니'를 소개받게 되었다. 그 할머니는 피부병이 생긴 것은 내 몸속에 '더러운 피'가 있어서 그런 것이니, 바늘로 온몸을 따서 더러운 피를 빼내야 한다고 했다. 그러더니 옷을 다 벗기고, 내 몸에 '소금'을 뿌리고 '굿'을 하면서 '칼춤'을 추는 의식을 한 뒤에 바늘로 온몸을 따고, 부황으로 피를 짜내기 시작했다. 피가 나오면 그 위에 알코올을 발랐는데, 온 집안에 피와 알코올 냄새가 진동했다. 지금 생각해 보면 그것은 의술이 아니라 일종의 '무당 종교의식'이었다.

또한 피부병 환자가 목욕탕에 간다는 것은 있을 수 없는 일이었기에, 항상 집에서 따로 물을 받아 씻어야 했던 수많은 시간들은 아직도 나에게 깊은 상처와 아픔의 흔적들로 남아 있다.

요나: "아버지! 오늘 저랑 목욕탕 같이 가시죠?"

요나: "제가 오늘 등을 밀어 드리겠습니다."

아버지: "나야 좋지만 가도 괜찮겠니?"

요나: "네 괜찮을 겁니다. 다른 사람에게 옮기는 병도 아니고 특별한 문제 없을거에요."

태어나서 지금까지 한 번도 아버지의 손을 잡고 목욕탕을 가본 적이 없던 나는 그날 용기를 내어 아버지의 등을 밀어 드리기 위해 목욕탕을 방문했다. 그리고 옷을 벗고, 아버지랑 탕에 들어가서 등을 밀어 드리기 시작했다.

얼마 지나지 않아 여러 사람의 따가운 시선을 느낄 즈음에, 관리자 한 분이 오셔서 이렇게 말씀하셨다.

관리자: "나가세요!"

요나: "금방 씻고 나갈께요."

관리자: "다른 데 가서 하세요! 누구 망하는 꼴 보려고 그럽니까?"

요나: "이거 다른 사람에게 전염이 되는 병 아닙니다!"

관리자: "당장 나가요!"

매몰차게 내쫓김을 당하고, 아버지의 등은 밀어드리지 못한 채 나오게 되었다. 내 평생 소원이 나이 드신 아버지를 모시고 대중목욕탕에 가서 아버지의 등을 밀어드리는 일이었는데, 그것마저도 허락이 되지 않은 상황에서 나는 통곡을 하였다. 중국에 단기 선교를 가서 팀원들과 함께 목욕탕을 방문했을 때도 내쫓김을 당한 아픈 기억이 있었는데, 아버지와의 아름다운 추억을 만들지 못했던 '목욕탕 사건'은 두고두고 가슴을 짓누르는 기억으로 자리잡았다. 그리고 내 안에 가진 또 다른 두려움은 바로 '결혼'이었다.

"이런 피부병 환자에게 결혼을 하고픈 사람이 누가 있을까?"

나조차도 나 자신이 용납이 안되고 힘들어 하는데 이런 나를 끌어안고 품어줄 사람을 만날 것이라고는 단 1%도 생각하지 않았다. 시간이 흘러 결혼하고 싶은 자매에게 나의 피부병 이야기를 정직하게 나누었을 때 나는 당연히 거절될 줄 알았다. 그러나 그 자매는 피부병이라는 육체적 질병은 아무런 문제가 되지 않는다면서 나의 청혼을 허락해 주었을 때 나는 태어나서 처음으로 사람에게 '용납'과 '긍휼'에 대한 감정을 배우게 되었다. 그렇지만 두려움이 갖는 영향력은 커서 앞으로 태어날 자녀들의 '피부 상태'가 가장 먼저 걱정이 되었다.

"혹시 나처럼 피부병을 가지고 태어나면 어떡하지?"

"혹시 나처럼 말을 더듬어 사람들에게 비웃음과 조롱을 받으면 어떡하지?"

나의 두려움이 얼마나 컸던지, 아들과 딸이 태어났을 때 가장 먼저 확인한 것은 바로 아이들의 피부 상태였다. 종종 아내는 불신자보다 더 못한 믿음을 가진 나에게 이렇게 조언을 하곤 했다.

"일어나지도 않은 일을 미리 앞당겨서 걱정하고 염려하는 것은 불신자보다 더 큰 범죄라고 말이다."

"정말 그랬다!" 하나님은 내가 가진 두려움보다 더 크시고 완전하신 아버지라는 사실을 지금까지 배우게 하신다.

"하나님이 우리에게 주신 것은 두려워하는 마음이 아니요 오직 능력과 사랑과 절제하는 마음이니" (딤후1:7)

움켜진 손을 펴기까지

"에서 와의 만남을 앞두고 야곱은 어떤 마음이었을까?"

"오랜 세월 떨어져 지낸 가족들을 다시 만나는 생각에 흥분이 되고 잠 못 이루는 밤을 보냈을까? 아니면 벼랑 끝에 서야 하는 두려움에 떨어야 했을까?"

에서 와의 만남을 앞두고 야곱은 심히 두렵고 답답하였다. 그도 그럴 것이 에서는 자신을 죽이려고 칼을 갈았던 사람이 아닌가! 에서의 장자권과 축복을 가로챈 야곱에게 들에서 자란 사냥꾼이었던 에서의 존재는 그야말로 두려움의 대상이었다.

"내게 소와 나귀와 양 떼와 노비가 있으므로 사람을 보내어 내 주께 알리고 내 주께 은혜받기를 원하나이다 하라 하였더니 사자들이 야곱에게 돌아와 이르되 우리가 주인의 형 에서에게 이른즉 그가 사백 명을 거느리고 주인을 만나려고 오더이다 야곱이 심히 두렵고 답답하여 자기와 함께 한 동행자와 양과 소와 낙타를 두 떼로 나누고 이르되 에서가 와서 한 떼를 치면 남은 한 떼는 피하리라 하고" (창32:5-8)

야곱은 준비해야 했다. 에서의 기질과 성정을 아는 야곱은 자신이 할 수 있는 최선의 방책을 대비해야 했다. 두려움의 늪에 빠지면 정상적인 사고와 판단을 하기가 어려운데 그 두려움을 피하기 위해 내가 할 수 있는 한 최선의 대비책을 세우는 것이 사람이다. 야곱의 마지막 움켜진 손가락을 펴기 위해 하나님은 '에서 와 사백 명'을 보내신다. 하나님은 외삼촌 라반을 붙이셔서 이십 년간 야곱을 다듬으셨고, 시기, 질투, 경쟁심으로 점철된 자신의 인생을 보란 듯이 똑같이 재현하고 있는 두 아내 레아와 라헬 사이에서 야곱은 자신의 움켜 진 손가락을 조금씩 피면서 주님의 일하심을 목도 하였다.

이제 마지막 관문이 바로 앞에 있다!

그러나 그 상황에서도 야곱의 '꼼수'는 빛을 발한다. 하나님의 약속도 말씀도 두려움에 휩싸이면 한쪽 귀로 듣고 흘리는 것은 예나 지금이나 마찬가지이다. 이미 하나님은 야곱에게 언약을 맺으셨고, 은혜를 베푸시며, 자신을 떠나지 않을 것이라 하셨지만, 지금 야곱에게는 하나님의 말씀이 실재가 아니라, 에서가 사백 명을 데리고 온다는 것이 더 큰 실재였던 것이다. 예전에 이 말씀을 접할 때는 왜 이렇게 야곱이 두려움이 많은지, 하나님은 살아 계시고 그에게 나타나 약속의 말씀까지 주셨는데 왜 이리 믿음이 없는지, 왜 이렇게 생각이 많고 복잡하며 계산적인지, 왜 이렇게 자기 꼼수를 의지하는지 참 애처롭고 안되어 보인 적이 있었다.

"그러나 정작 이러한 야곱의 모습과 삶의 흔적들은 사실 우리들의 모습과 너무나 닮아있지 않는가?"

그 사람의 진정한 내면의 깊이는 잘 드러나지 않는다고 한다. 그러나 우리의 진짜 본 모습은 '벼랑 끝에 서 있을 때' 드러나기 마련이다. 하나님은 야곱의 마지막 움켜 진 손을 펴기 원하셨다. 야곱에게 있어서 에서는 정말 '두려움 중의 두려움'이었다. 그것도 사백 명이나 데리고 마중 나온다는 것이 야곱에게는 사형과도 같은 심판이었다.

"내가 주께 간구하오니 내 형의 손에서, 에서의 손에서 나를 건져내시옵소서. 내가 그를 두려워함은 그가 와서 나와 내 처자들을 칠까 겁이 나기 때문이니이다" (창32:11)

주님께 간구했고 주님의 약속을 선포했지만 그건 그거고 이건 이것일 때가 참으로 많다. 야곱의 머리는 참으로 비상했다. 에서를 위해 준비한 예물은 참으로 어마어마했다. 그만큼 야곱은 부유한 사람이 되어 있었기에, 예물을 각각 준비해서 에서의 마음을 풀려고 한 것이다. 그것도 거리를 두고, 각각 떼로 나누어 종들의 손에 맡기고, 할 말도 미리 알려주는 야곱을 보라! 얼마나 치밀한 계산과 생각으로 움직이고 있는지 말이다.

"그것을 각각 떼로 나누어 종들의 손에 맡기고 그의 종에게 이르되 나보다 앞서 건너가서 각 떼로 거리를 두게 하라 하고 그가 또 앞선 자에게 명령하여 이르되 내 형 에서가 너를 만나 묻기를 네가 누구의 사람이며 어디로 가느냐 네 앞의 것은 누구의 것이냐 하거든 대답하기를 주의 종 야곱의 것이요 자기 주 에서에게로 보내는 예물이오며 야곱도 우리 뒤에 있나이다 하라 하고 그 둘째와 셋째와 각 떼를 따라가는 자에게 명령하여 이르되 너희도 에서를 만나거든 곧 이같이 그에게 말하고 또 너희는 말하기를 주의 종 야곱이 우리 뒤에 있다 하라 하니 이는 야곱이 말하기를 내가 내 앞에 보내는 예물로 형의 감정을 푼 후에 대면하면 형이 혹시 나를 받아 주리라 함이었더라"

(창32:16-20)

그러나 야곱은 불안했다. 우리가 잘 아는 '얍복강 씨름' 사건을 흔히 주님께 매달려 우리가 원하는 것을 얻어내는 본문으로 많이 인용하지만, 얍복강 씨름 사건은 하나님이 야곱의 '두려움'과 '움켜 진 손'을 펴 주시기 위한 '긍휼의 시간'이었다. 야곱을 살려 주시기 위해 하나님은 그 밤에 찾아오셨다. 하나님을 보고 생명이 보전되는 사람은 없다. 그렇지만 하나님은 야곱의 이름을 '이스라엘'로 바꾸시고, 그를 축복하셨다. 야곱이 잘나서, 성숙해서, 인격적으로 본이 되어서가 아니다. 하나님은 하나님의 선교와 구원의 계획을 위해 하나님의 방법으로 일을 하시는 분이시다!

야곱이 어떤 사람이든지, 어떤 환경과 상황에 있든지 하나님만 신실하시다는 것을 보여 주고 계신다. 더 이상 야곱은 갈 곳이 없었다! 왜냐하면, 그의 허벅지 관절이 어긋났기에 그가 도망을 칠 수 있는 체력이나 신체 조건이 되지 못했다. 사백 명의 장정들을 데리고 나타난 에서를 보고 야곱은 마지막 작전을 세운다. 혹시나 하는 마음에서, 그의 자식들을 나누어 레아, 라헬, 두 여종들에게 맡기는데 가장 먼저 앞세운 자식들은 여종들과 그들의 자식들이며, 그다음에 레아와 그의 자식들이고, 맨 마지막에 세운 것은 라헬과 요셉이다.

"왜 그렇게 했을까?"

"역시 야곱은 야곱이지 않은가!!"

"우리 모두는 왜 야곱이 그렇게 줄을 세웠는지 잘 알고 있다."

혹시나 모를 불상사에 대비하기 위해 야곱은 자신의 가족들을 다르게 줄을 세운다. 두 여종과 자식들은 가장 먼저 앞에 세우고, 자신이 사랑한 라헬과 요셉은 맨 뒤에 두었다. 만일 에서가 자신과 가족들을 죽일 경우, 라헬과 요셉은 맨 뒤에 두었기에 살아날 가능성을 생각한 것이다! 그러나 이러한 야곱의 '꼼수'는 나중에 참혹한 '대가지불'과 '험악한 세월'의 부메랑으로 되돌아 왔다는 것을 잊어서는 안된다.

"당신은 지금 누구의 소리를 듣고 있는가?"

"야곱처럼 심히 두렵고 답답한 일들로 인해 인간적인 처세와 방법으로 꼼수를 쓰려고 하는가?"

"내가 처한 상황의 소리, 환경의 소리, 두려움의 소리를 듣고 있는가? 아니면 어떠한 상황에 서도 하나님의 신실하신 약속을 믿으며 그 분의 음성에 귀를 기울이고 있는가?"

바로왕의 모습은 나의 거울

구약 성경에 나온 사람들 중에 하나님의 기사와 이적을 가장 많이 보고 경험한 사람은 누구일까? 물론 하나님이 선택한 이스라엘 백성들이 하나님의 놀라운 기적을 가장 많이 경험했다. 광야 생활 중에 '만나'와 '메추라기'를 먹고, 반석에서 물을 내어 200만 명이 넘은 수 많은 사람들이 그들의 목마름을 해갈하며 불기둥과 구름 기둥으로 인도함을 받은 이스라엘 백성들만큼 기적의 한복 판에서 살아간 사람들도 없을 것이다. 그들이 경험한 하나님의 기적과 이적에 비할 바는 못되지만, 하나님의 놀라운 기적의 현장을 눈으로 보고, 귀로 듣고, 실제로 경험한 그래서 하나님을 믿을 수 밖에 없었던 사람이 있다면 그는 '바로(주: Paroh, 이집트 왕 파라오)'라고 할 수 있다. 물론, 하나님을 믿지 않으면 안될 상황에 처해져 있음에도 믿지 않는 것이 우리의 모습이기는 하지만 말이다.

우리는 흔히 '애굽(주: 이집트)'을 세상, 혹은 어두움에 속한 영역으로 해석을 하고, '바로(주: Paroh, 이집트 왕 파라오)'을 이 세상을 지배하는 어두움의 신, 혹은 세상의 주관자로 이해를 한다. 그래서 출애굽 해서 하나님의 약속의 땅인 가나안에 들어가는 과정을 어두움에 종노릇 하며 살던 우리의 인생이 하나님의 은혜로 구원을 받아 천국에 들어가는 모습으로 해석을 하기도 한다.

그런데 바로왕을 한낱 이 세상의 어둠의 신, 혹은 세상의 주관자로만 이해를 하게 되면, 바로왕의 모습을 통해 하나님이 우리 한 사람 한 사람에게 가르치고 싶으신 것을 놓치게 된다. 이집트에 내린 열 가지 재앙은 하나님께서 하나님 되심을 드러낸 놀라운 구원의 역사적 사건이었다. 그러나 그 열 가지 재앙의 한 가운데 있었던 바로왕의 완고한 모습과 태도는 과거에 일어났던 하나의 큰 출애굽 사건으로 한정되어서는 안된다. 왜냐하면, 그 바로왕의 완고한 모습이 나에게도, 우리에게도 있기 때문이다. 바로왕은 '나'의 완고하고 고집스러운 모습을 드러나게 해 준 거울의 역할을 한 축복의 도구는 아닐까!

난 실력자야!

하나님은 400년간 종살이하던 자신의 군대, 자신의 백성 이스라엘 자손을 애굽 땅에서 인도하여 내시겠다고 약속하셨다. 물론, 하나님은 바로 왕이 자신의 백성을 내보내지 않을 것을 알고 계셨다. 왜냐하면, 하나님께서 바로 왕의 마음을 완악하게 하셨기 때문이다. 하나님은 많은 표징과 이적을 애굽 땅에서 행하셨다. 이것은 하나의 기사와 이적들이지만 역으로 생각하면 이것은 또한 '하나님의 심판'이기도 하였다. 이런 여러 가지 사건들을 통해 하나님께서 원하시는 한 가지 소원은 그들의 하나님이 되시는 것과 그들은 하나님의 백성이 되는 것에 있었다.

"너희를 내 백성으로 삼고 나는 너희의 하나님이 되리니 나는 애굽 사람의 무거운 짐 밑에서 너희를 빼낸 너희의 하나님 여호와인 줄 너희가 알지라"(출6:7)

또한, 이러한 과정을 통해 당시 거대한 제국이었던 이집트 제국에 온 열방을 다스리시고 통치하시는 유일한 신은 여호와 하나님 한 분이심을 알려주고 싶으셨기 때문이다.

"내가 너를 세웠음은 나의 능력을 네게 보이고 내 이름이 온 천하에 전파되게 하려 하였음이니라" (출9:16)

그래서 모세의 나이 80세, 아론의 나이 83세에 바로왕 앞에 가게 되는데, 그가 얼마나 교만하며 완고한 사람이었는지, 모세와 아론에게 가장 먼저 요구한 것이 있었다.

바로왕: "나보다 능력이 많아?" (출7:9)

오늘날 우리가 쓰는 단어로 하면 '실력 한번 보자!'이다. 아론이 던진 지팡이가 뱀이 되자, 바로 왕이 두려워 떨며 회개하고 주 앞에 꿇어 엎드렸는가? 그랬으면 얼마나 좋았을까!

바로왕: "별거 아니네. 요술사를 불러라!" (출7:11)

그 정도 실력은 나에게도 있다는 것이다.

바로왕: "히브리 사람의 하나님이 가진 능력이 고작 이 정도인가?"

나에게도 능력이 있고, 나에게도 실력이 있고, 나도 가진 재산이 있고, 나도 가진 재능과 은사가 있고, 남들이 없는 무언가를 가지고 있을 때 우리는 자연스럽게 목과 어깨에 힘이 들어간다. 한낱 '티끌'과 '한숨'에 불과한 연약한 존재라는 깊은 인식과 엎드림이 없다면 우리 또한 바로왕 처럼 평생 완고한 마음으로 예수님을 따르다가 불법을 행하는 자라 책망을 받고 심판을 받게 될 것이다.

"그러므로 성령이 이르신 바와 같이 오늘 너희가 그의 음성을 듣거든 광야에서 시험하던 날에 거역하던 것 같이 너희 마음을 완고하게 하지 말라. 거기서 너희 열조가 나를 시험하여 증험하고 사십 년 동안 나의 행사를 보았느니라. 그러므로 내가 이 세대에게 노하여 이르기를 그들이 항상 마음이 미혹되어 내 길을 알지 못하는도다 하였고 내가 노하여 맹세한 바와 같이 그들은 내 안식에 들어오지 못하리라 하였다 하였느니라"(히3:7-11)

급할 때는 누구나 하나님을 찾는다!

우리는 바로 왕이 무척이나 교만하고 아집이 가득하며, 하나님의 말씀에 불순종하는 악의 세력으로 이해를 한다. 그러나 바로왕의 고집보다 더 무서운 것은 '하나님의 열심'이다. 나일강과 이집트의 모든 물들과 강들과 운하들이 '피범벅'이 되었음에도 바로왕은 아예 이 일들에 관심을 갖지 않는다.

"애굽 요술사들도 자기들의 요술로 그와 같이 행하므로 바로의 마음이 완악하여 그들의 말을 듣지 아니하니 여호와의 말씀과 같더라. 바로가 돌이켜 궁으로 들어가고 그 일에 관심을 가지지도 아니하였고" (출7:22-23)

나일강을 치신 후 이레(주: 7일)가 지났는데도 하나님 앞에 엎드리거나 회개하지 않는다. 온 나라가 시끄럽고, 백성들은 물을 찾아 헤매는데도 전혀 신경을 쓰지 않는 바로왕에게 하나님은 개구리로 심판을 하신다. 그러나 바로왕도 자기의 요술사들을 통해 이러한 기적을 행하지만, 그의 마음은 여전히 강퍅하고, 완고해서 하나님의 말씀 앞에 엎드러지지 않는다. 왜냐하면, 입으로는 이스라엘 백성들을 보내겠다고 하고 이 개구리들을 떠나게 해 달라고 하지만, 화장실 들어갈 때와 나올 때의 마음이 다르듯이 바로왕은 개구리가 떠나서 이제 집과 마당과 밭에서부터 나와서 죽게 되고 이제 숨을 쉴 수 있음을 보고 그는 말을 듣지 않는다.

"여호와께서 모세의 말대로 하시니 개구리가 집과 마당과 밭에서부터 나와서 죽은지라. 사람들이 모아 무더기로 쌓으니 땅에서 악취가 나더라. 그러나 바로가 숨을 쉴 수 있게 됨을 보았을 때에 그의 마음을 완강하게 하여 그들의 말을 듣지 아니하였으니 여호와께서 말씀하신 것과 같더라" (출8:13-15)

바로왕의 이러한 간사함이 참 우습기도 하고, 불쌍하기도 하다. 기억하라!

"급할 때는 누구나 하나님을 찾는다!"

"그러나 내가 숨을 좀 쉴만 하면 더 이상 하나님을 찾지 않는다!"

"내가 내 선에서 무언가를 할 수 있다고 생각하는 순간 하나님을 밀쳐 낸다!"

이것이 바로 우리의 현주소이다. 바로왕의 강퍅하고, 얄팍한 모습을 통해 하나님은 우리를 가르치기 원하신다. 이는 이집트 바로왕의 개인 신상 문제를 넘어서, 예수님을 주로 고백하고 믿고 따르는 모든 신자들 안에 이러한 바로왕과 같은 '얄팍한 심보'가 있다는 것을 보여 주고 있다.

"힘들 때는 주님을 부르지만, 지나가고 나면 더이상 부르지 않는다!"

"죽을 만큼 아프고 어려울 때 주님을 부르지만, 지나가고 나면 더이상 간절함은 생기지 않는다!"

"눈물 콧물을 쏟고, 코피 터지게 기도하며 응답해 달라고 부르짖지만, 응답이 되고 나면 언제 그랬냐는 듯이 주 앞에 기고만장하게 서 있다!"

"하루 하루 숨을 쉬는 것 조차 버거울 때 주의 긍휼을 구하며 겸손하지만, 문제가 해결이 되고 내가 할 수 있는 무언가가 있다고 느끼면 주의 긍휼보다 내 힘과 머리를 더 앞세운다!"

바로왕도 하나님을 찾기는 찾았다! 왜냐하면, 개구리 심판으로 인해 너무나 괴롭고 힘들었기 때문에 마음에도 없는 약속을 하지만, 개구리가 물러가고 '숨'을 쉴 수 있게 되니까 더 이상 하나님은 필요가 없지 않겠는가. 어쩌면 이렇게 바로왕의 모습이 우리들의 모습과 너무나 닮았을까!

"당신은 지금 누구의 소리를 듣고 움직이고 있는가?"

"하나님의 소리인가 아니면 내 육신의 소리인가?"

꼼수 종교인을 주의하라!

하나님은 애굽의 가축과 이스라엘의 가축을 구별하사 심한 '돌림병'으로 심판을 하신다. 애굽의 모든 가축들(말, 나귀, 낙타, 소와 양)은 죽었지만 이스라엘의 가축은 죽지 않는다. 또한, 악성 종기로 인해 애굽 온 땅의 사람들과 짐승에게 붙어서 그렇게 아프고 힘들어도 바로의 마음은 말씀 앞에 엎드리지 않는다. 하늘로부터 내려진 무거운 우박은 애굽 전국에 전무후무하게 내리게 된다. 우렛소리와 우박을 보내시고 불을 내려 땅을 달리게 하는 그 하나님의 심판은 가히 '공포 영화'는 저리 가라고 할 정도였다. 우박이 내림과 불덩이가 하늘에 섞여 내림이 심히 맹렬하여 나라가 생긴 이래로 그와 같은 일이 없었다고 한다.

"모세가 하늘을 향하여 지팡이를 들매 여호와께서 우렛소리와 우박을 보내시고 불을 내려 땅에 달리게 하시니라. 여호와께서 우박을 애굽 땅에 내리시매 우박이 내림과 불덩이가 우박에 섞여 내림이 심히 맹렬하니 나라가 생긴 그 때로부터 애굽 온 땅에는 그와 같은 일이 없었더라" (출9:23-24)

우박이 애굽 온 땅에서 사람과 짐승을 막론하고 밭에 있는 모든 것을 치며 채소를 치며 들의 모든 나무를 꺾었다. 그러나 이스라엘 자손들이 있는 그곳 고센 땅에는 우박이 없다는 것을 본 바로왕의 마음에는 분명 하나님이 어떤 분인지에 대한 인식이 생겼음에 틀림 없다. 그리고 그가 고백한 고백은 참으로 아름다운 신앙의 언어로 비추어진다.

바로왕: "이번은 내가 범죄하였노라. 여호와는 의로우시고 나와 나의 백성은 악하도다!" (출9:27)

바로왕: "이 우렛소리와 우박을 그만 그치게 하라. 내가 너희를 보내리니 너희가 다시는 머물지 아니하리라." (출9:28)

그러나 이 재앙이 지나고 나서 여덟 번째 재앙인 메뚜기 재앙이 임하자 바로왕은 다시 모세와 아론을 불러서 이렇게 말을 한다.

바로왕: "이번만 나의 죄를 용서하고 너희의 하나님 여호와께 구하여 이 죽음만은 내게서 떠나게 하라." (출10:17)

물론, 이 바로왕의 고백은 '립 서비스'였다! 언뜻 표현된 문장을 보면 회개하며 주 앞에 엎드린 자의 고백과 너무 '유사'하지 않은가. 자신이 범죄 하였고 하나님은 의로우시고 나와 나의 백성은 악하다고 '입술'은 고백을 하나, 그의 '마음'은 전혀 거리가 멀다. 이러한 회개를 '유사 회개'라고 하고, 이러한 유사 회개를 하는 그리스도인을 일명 '유사 그리스도인'이라고 부른다. 오늘날 우리가 쓰는 표현을 빌리면, '짝퉁 회개' 혹은 '짝퉁 그리스도인'이라고 할 수 있다. 바로왕은 비와 우박과 우렛소리를 그치기 위해서 마음에도 없는 '짝퉁 회개'를 한다. 그리고 재앙이 지나가자 언제 그랬냐는 듯이 아무렇지 않게 주와 상관없이 살아가는 바로왕의 모습은 오늘을 살아가는 현대 그리스도인들의 모습과 너무나 유사한 것 같아 씁쓸하다. 바로왕의 임시방편으로 상황을 대처하는 모습은 마치 꼼수 종교인처럼 '유사 회개'을 하는 그저 처세술에 불과할 뿐이다.

"지금 내 삶 속에 진정한 왕은 누구신가?"

"지금 나는 누구의 통제를 받고 있는가?"

"내 안에 바로왕과 같은 강퍅하고 완고한 마음은 없는가?"

"내가 주님을 믿고 따르는 이유가 혹시 내 앞에 닥친 문제를 해결하기 위해서 임시방편으로 신앙 고백을 하고 있는 것은 아닌가?"

여섯 번째 소리

탐욕의
소리

하나님의 소리 엘리사 vs 육신의 소리 게하시

초등학교 5학년 즈음부터 발병한 이 피부병이 지금은 나에게 있어서 나의 삶을 바꾸어준 간증이 되었지만, 고질적인 만성 질환인 '소레아시스(주: Psorasis, 심상선 건선 피부병)'는 나에게 있어서 참으로 견디기 힘든 고통이자 아픔이었고 수치심 자체였다. 성경을 읽다 보면 '나병(주: Leprosy, 피부병)' 이야기가 등장을 하는데, 괜히 나의 아픈 부분을 언급하는 것 같아 빨리 읽고 넘어가기도 했고 어떤 때는 그냥 무시하고 지나치기도 했다.

나병(주: Leprosy, 피부병)이 얼마나 고통스럽고 힘든 질병인지 경험해 보지 못한 사람은 참으로 이해하기 힘들 것이다. 모든 사람에게는 나름의 '핸디캡' 혹은 '아킬레스건'을 다 가지고 있는데, 특히 아람 왕의 군대 장관 나아만에는 더욱 더 그러했다. 나아만이 아람 왕 벤하닷 1세 때 활동했던 아람(수리아)의 군대 장관이었는데, 이 시기에 북이스라엘의 왕은 여호람(주전 852-841년)이었고, 이 시기에 사역을 했던 선지자가 '엘리사'였다. 나아만은 우리가 볼 때 정말 남부럽지 않은 위치와 재력, 명예, 그리고 권력을 가진 서열 두 번째였다.

"아람 왕의 군대 장관 나아만은 그의 주인 앞에서 크고 존귀한 자니 이는 여호와께서 전에 그에게 아람을 구원하게 하셨음이라. 그는 큰 용사이나 나병

환자더라" (왕하5:1)

그의 주인 아람 왕 벤하닷 1세 앞에서 크고 존귀한 자였으며, 아람을 구원한 참으로 큰 용사라고 언급을 한다. 모든 것이 완벽해 보이는 군대 장관 나아만의 프로필이었지만 안타깝게도 그는 '나병 환자'였다. 개인적으로 '나병(주: 癩病, Leprosy 혹은 한센병)'이라는 것을 20년 동안 알지 못했다. 그러다가 대학교 1학년 2학기 때 노방 전도를 받고, 얼떨결에 예수님을 영접하게 되었다. 나에게 전도를 한 친구의 권유로 여수 애양원(주: 고 손양원 목사님께서 사역을 하신 장소)이라는 곳을 방문하게 되었다. 물론, 그 친구는 단순히 가을 소풍이라고 속여서 나를 데리고 갔지만, 알고 보니 나의 인생에 큰 전환점이 되었던 신앙 수련회였다. 그곳에는 과거에 '저주 받은 병'으로 알려진 나병에 걸려서 가족과 친구들로부터 버림을 받고 그 먼 곳까지 와서 신앙을 통해 주님을 믿으며 치유되고 회복이 되어 함께 공동체 생활을 하고 계신 여러 할아버지, 할머니들이 계신 곳이었다. 나병이라는 것이 얼마나 무섭고 끔찍한 병인지 태어나서 그런 얼굴과 모습을 처음 본 나는 정말 무섭고 두려워서 몸이 얼어붙을 정도였다. 그런데 그곳에서 나는 두 가지 때문에 큰 충격을 받았다. 첫째는, 그런 나병을 가진 분들의 얼굴이 너무나 기쁘고 행복한 모습이었다는 것이다. 이 땅에 육신을 가지고 살고 있음에도 하늘에 속한 성도로 영원한 삶을 살아가시는 모습이었다. 둘째는, '성경 암송반' 할아버지, 할머니들의 모습에 큰 충격을 받았다.

저렇게 연세가 많으신데도 성경을 다 암송하시고, 문드러진 손과 입으로 하모니카 연주를 하면서 하나님을 찬송할 수 있는지 너무나 놀라웠다. 그분들과의 만남과 교제를 통해 하나님의 존재를 인식하며, 태어나서 처음으로 하나님의 이름을 부르며 기도한 것은 참으로 놀라운 기적이자 은혜였다. 분명 나아만도 그 병을 고치기 위해 안 해 본 일이 없었을 것이다.

"왕의 서열 두 번째이자 돈과 권력과 명예를 다 가지고 있었던 나아만에게 부족한 것이 무엇이 있었을까?"

"그가 자신의 질병을 치료하기 위해서 안해 본 일이 무엇이 있었을까?"

그랬던 그에게 구원의 소식을 전해준 것은 이스라엘에서 포로로 잡혀간 어린 소녀였다. 그 소녀의 말을 나아만의 아내와 나아만 장군이 듣고 직접 이스라엘에 있는 선지자를 만나러 가도록 동기 부여가 된 것은 참으로 놀라운 '구원의 역사'라고 할 수 있다.

분명 그렇게 마음이 움직여지게 된 데는 그의 마음이 가난해지고 부드러워졌기 때문이다. 왜냐하면, 동일한 경험이 대학교 1학년 2학기 때 나에게도 있었기 때문이다. 대학교에만 가면 모든 문제가 해결이 되고, 인생의 드리워진 어두움이 물러갈 것이라 장미빛 희망에 달려왔지만, 모든 것이 신기루처럼 그렇게 허무할 수가 없었다. 운동장에 홀로 앉아서 인생의 허무함과 피부병으로 인한 삶의 고통이 너무나 힘겨웠고 고통스러웠기 때문에 심령의 상태가 무척이나 가난해져 있었다. 그러던 차에 노방 전도를 받았는데 마음 문을 열고 주님을 영접하게 된 동기가 되었다. 동일하게 나아만 장군 또한 그 이스라엘 어린 소녀의 말을 듣고 순종하기까지 그의 마음 상태가 무척이나 낮아지고 겸비해진 상태였을 것이다.

이제 나아만은 필요한 예물을 가지고 엘리사의 집 문에 서지만 엘리사는 나와서 얼굴을 내밀지도 않고, 그냥 요단강에 가서 몸을 일곱 번 씻으라고 한다.

"엘리사가 사자를 그에게 보내 이르되 너는 가서 요단강에 몸을 일곱 번 씻으라 네 살이 회복되어 깨끗하리라 하는지라"(왕하5:10)

우리가 아는 대로 나아만은 몸을 일곱 번 씻고 어린아이처럼 살 같이 깨끗하게 되어 회복이 된다.

"나아만이 이에 내려가서 하나님의 사람의 말대로 요단 강에 일곱 번 몸을 잠그니 그의 살이 어린 아이의 살 같이 회복되어 깨끗하게 되었더라" (왕하5:14)

그런데 문제는 여기서 발생을 한다.

그가 떠나올 때 가지고 온 예물을 엘리사에게 드리지만, 엘리사는 받기를 거부한다. 나아만이 가져온 예물은 결코 작은 것이 아니었다. '은 십 달란트'와 '금 육천 개'와 '의복 열 벌' 떠나 올 때 가지고 왔던 것이다. 예물을 받지 않고, 엘리사에게 평안의 인사를 듣고 나아만이 자신의 나라로 돌아갔다면 이 스토리의 이야기는 아름답게 마쳤겠지만, 의외의 인물이 등장을 하게 되는데, 성경은 이 사람을 다음과 같이 소개를 한다. '하나님의 사람 엘리사의 사환 게하시'라고 한다. 하나님의 사람 게하시라고 소개를 했다면 좋았겠지만, 그는 하나님의 사람 엘리사의 사환이었다! 무엇보다 중요한 것은 '하늘의 소리를 들은 엘리사'와 '육신의 소리를 들은 게하시'의 차이가 여기서 드러나게 된다.

엘리사는 말하길 "여호와께서 살아 계심을 두고 맹세하노니 내가 그 앞에서 받지 아니하리라." (왕하5:16)

게하시는 말하길 "여호와께서 살아 계심을 두고 맹세하노니 내가 그를 쫓아가서 무엇이든지 그에게서 받으리라." (왕하5:20)

하나님의 살아계심을 두고 두 사람 다 맹세를 하는데, 하나님의 사람 선지자 엘리사는 나아만의 예물을 받지 않고, 거절을 하지만 하나님의 사람 엘리사의 사환 게하시는 스스로 말하며, 쫓아가서 반드시 예물을 받겠다고 한다. 나는 개인적으로 게하시가 왜 이렇게 나아만 장군이 가지고 온 예물을 탐하는지 이해가 되지 않았다. 그저 타락한 인간의 본성이려니 생각을 했지만, 구약에서 사용되는 화폐 단위를 공부하면서 나아만 장군이 가져온 예물이 얼마나 어마어마한 금액인지를 새삼 깨닫게 되었다. 우리는 구약 성경을 읽다 보면 다양한 화폐 단위를 만난다. 예를 들면, 세켈, 달란트, 드라크마, 크시타, 게라, 베카, 마네 등 다양한 화폐 단위를 보게 되는데, 여기에 등장하는 화폐 단위는 '달란트'이다. 구약에서 화폐의 가치를 측정하는 것은 물건의 값어치였다. 우리가 자주 듣는 '세켈'이라는 것은, 성경에서 가장 보편적으로 사용되는 무게 단위인데 대부분의 성경 학자들은 1세켈을 약 11.4g 정도의 무게로 보고 있다. 그래서 '은 1세켈'이라고 하면 노동자가 4일 정도 일한 품삯을 말하는데, 오늘날 우리가 사용하는 시세로 계산을 하면 대략 32만원(주: 하루 8시간*한 시간 일당을 10,000원 계산했을 경우, 8시간*4일*10,000원) 정도라고 추정할 수 있다.

"그렇다면 은 1달란트는 얼마일까?"

'1달란트'의 가치는 3,000세켈인데, 무게로 하면 대략 34kg 정도라고 한다. '은 1달란트'는 노동자가 12,000일(32년 10개월) 정도 일한 품삯을 말한다.
"얼마나 엄청난 금액인가!"

오늘날 시세로 계산을 하면 '은 1달란트'는 약 9억 6천만원(주: 하루 8시간*한 시간 일당 10,000원*12,000일을 계산했을 경우) 정도의 엄청난 돈이 된다. 물론 구약 성경 시대에 쓰여진 달란트의 무게는 시대와 지역에 따라 여러 종류가 있었기에 정확한 액수를 오늘날 산출하기에는 어려움이 있지만 분명한 것은 은 1달란트의 가격이 우리가 생각하는 금액보다 훨씬 더 크다는 사실이다. 그런데 놀랍게도 나아만 장군이 가져온 예물은 가히 상상을 초월한다. 왜냐하면, '은 십 달란트'와 '금 육천 개'와 '의복 열 벌'을 가지고 왔으니 말이다!!

　　은 1달란트의 가치가 오늘날 시세로 9억 6천만원 정도라면 은 10달란트는 얼마나 많은 금액이겠는가!! 하나님의 이름으로 맹세까지 하고 무엇이든지 나아만 장군에게 가서 받아야겠다고 뛰쳐나간 게하시의 마음을 보면서 성경은 우리 속에 감추어진 '탐욕'을 고발하고 있는 것 같다. 게하시는 나아만을 쫓아가서 예물을 받기 위해 사건을 '조작'하며 '거짓말'을 한다.

"나아만의 뒤를 쫓아가니 나아만이 자기 뒤에 달려옴을 보고 수레에서 내려 맞이하여 이르되 평안이냐 하니, 그가 이르되 평안하나이다. 우리 주인께서 나를 보내시며 말씀하시기를 지금 선지자의 제자 중에 두 청년이 에브라임 산지에서부터 내게로 왔으니 청하건대 당신은 그들에게 은 한 달란트와 옷 두 벌을 주라 하시더이다" (왕하5:21-22)

　　엘리사의 사환 게하시는 지금 무슨 '거짓말'로 사건을 '조작'하고 있는가?

　　첫째, 나의 주인 엘리사가 나를 당신께 보냈다. (엘리사의 이름을 빌어 공증을 취한다!)

　　둘째, 지금 선지자의 제자 두 사람이 엘리사에게 왔는데, 은 한 달란트와 옷 두 벌이 필요하다. (엘리사의 제자 두 청년이 지금 왔다는 시간과 사건의 긴급성을 강조한다!)

"엘리사는 자기의 사환 게하시를 나아만에게 보내지 않았다!"
"또한, 엘리사의 제자 중에 두 청년이 에브라임 산지에서 오지도 않았다!"

오직 '은 한 달란트'와 '옷 두 벌'이 필요하다고 이야기를 지어 꾸미고 있는 것은 게하시의 탐욕이었다. 그가 가지고 싶고, 소유하고 싶었던 것을 얻기 위해 엘리사의 이름을 이용하는 거지만, 실제로는 하나님의 이름을 이용하는 것이었고, 그분의 이름을 망령되이 일컫고 있는 거랑 다름이 없었다. 게하시는 나아만이 건네준 '은 두 달란트'를 두 전대에 넣어 매고, '옷 두 벌'을 자신의 두 사환에게 지우게 한다. 나중에는 자신의 집에 감춘 뒤에 엘리사 앞에 서는 게하시를 보게 된다. 엘리사는 게하시에게 '네가 어디서 오느냐?'하고 묻는다.

"언덕에 이르러서는 게하시가 그 물건을 두 사환의 손에서 받아 집에 감추고 그들을 보내 가게 한 후 들어가 그의 주인 앞에 서니 엘리사가 이르되 게하시야 네가 어디서 오느냐 하니 대답하되 당신의 종이 아무데도 가지 아니하였나이다 하니라" (왕하5:24-25)

마치, 아담과 하와가 범죄 한 뒤에 하나님께서 아담과 하와를 부르시면서 말씀하셨던 '아담아! 네가 어디 있느냐?' 하고 묻는 질문과 똑같다.

게하시: "당신의 종이 아무데도 가지 아니하였나이다." (왕하5:25)

엘리사의 질문에 게하시는 자신이 엘리사의 종이며 또한, 아무데도 가지 아니하였다라고 너무나 확신에 찬 고백을 하는 모습을 보게 된다. 엘리사의 사환으로 함께 사역하면서 옆에서 지켜보았던 하나님의 사람 엘리사가 자신이 한 일과 행동을 모를 것이라고 생각했을까? 아니면 이러한 정도의 일은 예외 조항이라고 생각해 안일하게 생각을 했을까? 그는 엘리사의 사환으로 하나님의 종과 늘 함께 있으면서 하나님이 어떤 분이신지 하나님의 위대하심과 놀라운 능력을 직접 눈으로 보고 손으로 만진 바 되고 경험을 했음에도 불구하고 그의 마음은 하나님에게서 멀리 떨어져 있었다.

"게하시는 엘리사를 속인 것이 아니라, 하나님을 속인 것이다!"

"게하시는 누구의 음성을 들으며 살았는가?"

"게하시는 누구의 소리에 반응하며 따라갔는가?"

엘리사의 입에서 떨어져 나오는 하나님의 말씀이 있었음에도 불구하고, 그는 하나님의 말씀을 먹지 않았고, 듣지 않아 그 말씀이 실제가 되지 않았다. 게하시는 태초부터 있는 생명의 말씀에 관하여 그의 눈이 직접 보았고, 자세히 보았고, 엘리사를 통해서 일하시는 하나님을 직접 손으로 만진 바 된 역사의 현장에 있었던 사람이었다.

이러한 만남을 통해 게하시는 하나님 아버지와의 사귐 가운데 들어가 그와 더불어 먹고 마시며 영원한 삶을 살며 누릴 수 있는 은혜를 입은 사람이었다. 그러나 그러한 삶을 누리지 못하고 자신의 욕망과 탐심에 의해 이끌려 갔을 때 나아만에게 있었던 나병이 게하시에게 임하는 결과가 나오게 되었다.

"엘리사가 이르되 한 사람이 수레에서 내려 너를 맞이할 때에 내 마음이 함께 가지 아니하였느냐 지금이 어찌 은을 받으며 옷을 받으며 감람원이나 포도원이나 양이나 소나 남종이나 여종을 받을 때이냐 그러므로 나아만의 나병이 네게 들어 네 자손에게 미쳐 영원토록 이르리라 하니 게하시가 그 앞에서 물러나오매 나병이 발하여 눈같이 되었더라" (왕하5:26-27)

광야길을 반드시 걸어야 하는 이유

한국에서 팀들이 이스라엘을 방문할 때면 반드시 가보는 장소가 있다. 이 스라엘 성지 순례를 하는 분들도 잘 방문하지 않는 곳이기도 하고, 다 둘러보 기에는 시간적인 여유가 없는 곳이기도 하다. 브엘세바(Beersheva)에서 버스를 타고 1시간 정도 남쪽 방향으로 내려가면 '미쯔페라몬(Mitzpe Ramon)'이라는 이스라엘의 그랜드 캐년(Grand Canyon)으로 알려진 멋진 협곡이 아름답게 펼 쳐져 있는 곳이다. 미쯔페라몬에서 가장 유명한 장소는 절벽 위에서 모든 협 곡을 내려다 볼 수 있는 전망대가 있는데, 일명 '낙타 바위(주: 멀리서 보면 모양이 낙 타 모양처럼 생겨서 붙여진 이름)'라 불리는 곳에 올라가서 매서운 바람을 맞으며 주 님을 찬양하며 함께 예배하는 장소이다. 이 놀라운 광야에서 펼쳐진 아름다 운 모습에 처음 방문하신 분들은 모두 감동을 하신다. 그리고 끝없이 펼쳐진 광야의 모습에 입을 다물지 못하신다. 종종 몇 몇 분들이 이런 제안을 하시곤 하셨다.

"선교사님! 저 아래에 길이 있나요?"

"저 광야 길을 한번 걸어 보고 싶은데, 가능한가요?"

"진짜 이스라엘 백성들이 저 길을 걸었다고 생각하니 저도 너무 걸어 보고 싶네요."

　　처음에는 내가 아는 지식과 경험에서 나오는 여러 광야 이야기들과 광야에서 경험한 것들을 나누었지만, 결국 각자 각자가 경험해 보지 않고는 그러한 나눔에는 한계가 있다는 것을 알게 되었다. 그래서 그 후로는 한국에서 팀들이 올 때면 반드시 가야 하는 지정 코스가 된 것이다. 미쯔페 라몬의 협곡을 따라 길을 걷기 위해 우리는 매일 새벽 아침 일찍 일어나서 차량 두 대를 서로 다른 위치에 두고 움직여야 했다. 차 한 대는 협곡 위에다 두고, 다른 차 한 대는 협곡 아래 출구에다 두고, 사람들을 픽업해야 하는 문제를 먼저 해결하고 동이 트기 전에 단단히 무장을 하고(준비물: 점심 샌드위치, 물, 썬크림, 과일 등) 길을 떠나 걷기 시작한다.

광야 길을 걷기 위해서는 세 가지 기억해야 할 가르침이 있다.

　　첫째, 인도자의 말에 절대 순종해야 한다.

　　둘째, 한번 광야 길을 걸으면 두 번 다시 되돌아 올 수 없다.

　　셋째, 광야 길을 걷는 데는 반드시 목적이 있다.

　　처음 동이 트기 전에 긴장감과 설레임 그리고 흥분된 마음을 나누며 한 걸음씩 거친 돌 위로 발걸음을 옮긴다. 두렵고 큰 광야 길을 걸어 내려가는 팀원들은 모두 다 흥분된 마음을 감추지 못한다. 흥얼거리기도 하고, 찬양을 부르는 분들도 있고, 처음 접해 보는 광야 길을 걷는 것은 참으로 잊지 못할 추억이다. 그러나 가도 가도 끝이 보이지 않는 광야 길이 어느 순간이 되면 멋지고, 설레는 그런 아름다운 장소가 되지 않고, 오히려 거칠고 감추어진 나의 옛 자아를 드러내는 장소임을 알게 된다. 왜냐하면 걸어도 걸어도 끝이 보이지 않고, 작렬하게 타는 뜨거운 태양 아래 걷다 보면 불편한 광야 길이 '나의 지독한 옛 자아'를 다루시는 하나님께서 허락하신 '최고의 훈련 장소'라는 것을 깨닫게 되는 것이다. 하나님께서 이스라엘 백성들에게 사십 년 동안 광야 길을 걷게 하신 이유가 신명기 8장에 언급이 되어 있다.

"네 하나님 여호와께서 이 사십 년 동안에 네게 광야 길을 걷게 하신 것을 기억하라. 이는 너를 낮추시며 너를 시험하사 네 마음이 어떠한지 그 명령을 지키는지 지키지 않는지 알려 하심이라. 너를 낮추시며 너를 주리게 하시며 또 너도 알지 못하며 네 조상들도 알지 못하던 만나를 네게 먹이신 것은 사람이 떡으로만 사는 것이 아니요 여호와의 입에서 나오는 모든 말씀으로 사는 줄을 네가 알게 하려 하심이니라" (신8:2-3)

"괜히 내려 왔네."

"아! 장난이 아니구나."

"멀리서 그냥 볼걸."

"이스라엘 백성들을 내가 함부로 폄하했구나."

　　이스라엘 백성들이 이집트에서 400년간 노예 생활을 하고 난 뒤에 모세라는 걸출한 지도자를 통해서 이집트 탈출을 하게 된다. 기적과도 같은 홍해 바다가 마른 땅이 되고, 이스라엘 자손들이 바다 가운데를 육지로 걸어가고, 물은 그들의 좌우에 벽이 되어 건너간 것은 있을 수 없는 참으로 놀라운 기적 중의 기적이라 할 것이다. 여호와께서 애굽 사람들에게 행하신 그 큰 능력을 그들은 직접 눈으로 보고 귀로 들었다. 이 일로 인해 백성들은 여호와를 경외하며 그의 종 모세를 믿지 않았던가. 그러나 기적도 능력도 은사도 그리고 체험도 광야에서는 오래가지 못하는 것 같다. 왜냐하면, 이스라엘 백성들이 홍해에서 나온지 사흘 만에 물이 없음으로 원망하였기 때문이다.

"모세가 홍해에서 이스라엘을 인도하매 그들이 나와서 수르 광야로 들어가서 거기서 사흘길을 걸었으나 물을 얻지 못하고 마라에 이르렀더니 그 곳 물이 써서 마시지 못하겠으므로 그 이름을 마라라 하였더라. 백성이 모세에게 원망하여 이르되 우리가 무엇을 마실까 하매" (출15:22-24)

그리고 출애굽 한 지 한 달 정도 되었을 때, 이스라엘 자손 온 회중이 그 광야에서 모세와 아론을 원망하며 하는 말이 있었다.

"이스라엘 자손이 그들에게 이르되 우리가 애굽 땅에서 고기 가마 곁에 앉아 있던 때와 떡을 배불리 먹던 때에 여호와의 손에 죽었더라면 좋았을 것을 너희가 이 광야로 우리를 인도해 내어 이 온 회중이 주려 죽게 하는도다" (출16:3)

결국, 하나님은 그들을 위하여 하늘에서 양식을 비같이 내려 주신다. 단 그것은 일용할 양식이며, 날마다 거두어서 먹어야 했다. 그래서 아침에는 떡으로 배부르고, 해 질 저녁에는 고기를 먹게 함으로 여호와께서 그들의 하나님이신 것을 보여주시는 사건이 된다. 아침에 먹었던 것은 '만나(주: 이것이 무엇인가?)'였고, 저녁에 먹었던 고기는 '메추라기'라고 불리는 새였다. 하나님께서 얼마나 신실하게 요리를 하셨는지 사람이 사는 땅에 이르기까지 이스라엘 자손은 40년 동안 만나를 먹었다. 하나님처럼 40년 동안 200만 명이 넘는 이스라엘 백성들을 위해 먹을 것과 입을 것을 공급해 주신 요리사를 나는 본 적이 없다.

사도 바울은 고린도 전서 10장에서 구약 이스라엘 백성들이 모세에게 속하여 다 구름과 바다에서 세례(주: 침례)를 받고, 광야에서 신령한 음식인 만나를 먹고, 신령한 음료인 물을 마신 사건에 대해서 다음과 같이 기록하고 있다.

"모세에게 속하여 다 구름과 바다에서 세례를 받고 다 같은 신령한 음식을 먹으며 다 같은 신령한 음료를 마셨으니 이는 그들을 따르는 신령한 반석으로부터 마셨으매 그 반석은 곧 그리스도시라"(고전10:2-4)

광야 생활 40년 동안 아침마다 먹었던 만나와 저녁 때에 먹었던 메추라기는 하나님께서 허락하신 일용할 양식이자, 신령한 음식이었다. 그리고 반석에서 나온 신령한 음료인 물은 바로 '그리스도'라고 표현하고 있다. 더욱이 홍해를 건넌 사건을 바울은 '세례(주: 침례)'를 받은 것이라고 한다. 다시 말해, 그들은 그리스도의 '성찬식'에 참여한 '세례 교인'이었다. 그러나 여호수아와 갈렙을 제외한 광야 1세대들은 전부 광야에서 멸망을 당한 이 사건이 오늘 우리에게 무엇을 말하고 있는가? 하늘에서 내려온 양식을 매일 마다 먹고, 마시고 했음에도 불구하고 그들은 멸망을 당했다.

"그들 가운데 어떤 사람들과 같이 너희는 우상 숭배하는 자가 되지 말라. 기록된 바 백성이 앉아서 먹고 마시며 일어나서 뛰논다 함과 같으니라. 그들 중의 어떤 사람들이 음행하다가 하루에 이만 삼천 명이 죽었나니 우리는 그들과 같이 음행하지 말자. 그들 가운데 어떤 사람들이 주를 시험하다가 뱀에게 멸망하였나니 우리는 그들과 같이 시험하지 말자. 그들 가운데 어떤 사람들이 원망하다가 멸망시키는 자에게 멸망하였나니 너희는 그들과 같이 원망하지 말라" (고전10:7-10)

사도 바울은 그들이 멸망을 당한 이유를 다음과 같이 네 가지로 경고하고 있다.

첫째, 그들 가운데 어떤 사람들과 같이 - '우상 숭배'하는 자가 되지 말라!
(고전10:7)

둘째, 그들 가운데 어떤 사람들이 - '음행'하지 말자! (고전10:8)

셋째, 그들 가운데 어떤 사람들이 - 주를 '시험'하지 말자! (고전10:9)

넷째, 그들 가운데 어떤 사람들이 - '원망'하지 말라! (고전10:10)

여기서 언급된 '어떤 사람들'은 구약에 나오는 이스라엘 백성들을 우선 언급을 하지만, 실상은 오늘을 살아가고 있는 바로 '우리'에게 말씀하시는 하나님의 '경고장'이라고 할 수 있다. 왜냐하면, 그들에게 일어난 이런 일은 '본보기'가 되고 또한 말세를 만난 우리를 깨우치기 위해 기록이 되었기 때문이다.

"그들에게 일어난 이런 일은 본보기가 되고 또한 말세를 만난 우리를 깨우치기 위하여 기록되었느니라" (고전10:11)

"오늘날처럼 우상 숭배가 극심한 때가 있었는가?"

"오늘날처럼 음행이 하늘을 찌를 때가 있었는가?"

"오늘날처럼 주를 시험하고 원망하며 망령되이 일컫는 적이 있었는가?"

음행을 해서 이만 삼천 명이 죽었고, 주를 시험함으로 뱀에게 물려 죽었고, 원망하다가 멸망시키는 자에게 멸망을 당했다. 그러나 요즘에는 음행을 해도, 주를 시험해도, 원망을 해도 이렇게 멸망을 당하지 않아서 그런지는 몰라도 하나님을 우습게 여기며 사는 것이 일상의 삶이 되어 버린 것 같다. 우리는 그동안 너무 많은 불평과 원망 가운데 살고 있지는 않았는지 돌아보아야 한다. 왜냐하면, 이스라엘 백성들은 광야에서 만나와 메추라기라는 하늘 양식을 먹으며 하나님의 하나님 되심을 경험했지만, 결국은 배가 고프고 목이 마르는 이 세상의 일시적이며 한계성을 가진 육의 양식을 먹고 광야에서 멸망을 당하지 않았는가. 그러나 하늘에서 오신 예수 그리스도의 말씀은 우리의 영혼을 살리며 배고프지도 목마르지도 않는 영원한 생명의 양식이 되어 오늘도 우리를 먹이시고 입혀 주신다.

성경에 없는 '일천 번제 헌금'

다윗이 죽고 난 이후 왕의 남자인 솔로몬이 통치를 이어 가게 되었다. 그가 다윗의 왕위에 앉으니 그의 나라가 심히 견고해져 갔다. 열왕기상 3장에는 그 유명한 솔로몬의 '일 천 번제' 이야기가 나온다.

"이에 왕이 제사하러 기브온으로 가니 거기는 산당이 큼이라. 솔로몬이 그 제단에 일천 번제를 드렸더니 기브온에서 밤에 여호와께서 솔로몬의 꿈에 나타나시니라. 하나님이 이르시되 내가 네게 무엇을 줄꼬 너는 구하라" (왕상3:4-5)

물론, 이 말씀은 솔로몬이 일천 번 동안(주: 1,000일) 기브온에 가서 번제를 드렸다는 뜻이 아니다. 히브리어 원문을 보면 하루 한 번 갔을 때 '일 천 번제물'을 한꺼번에 드렸다는 뜻이다 (주: Solomon offered a thousand burnt offerings on that altar).

왜냐하면, 그 당시 다윗이 살았던 다윗성에서 '기브온 산당(주: 나비 사무엘)'까지의 거리가 직선 거리로 대략 8.5km 정도이며, 나귀를 타고 갈 경우 3-4시간 정도 걸리는 거리이다. 더욱이 가는 길에 여러 골짜기와 언덕들이 있어서 제물을 천 일 동안 갔다 왔다 하면서 드렸을 경우는 거의 불가능하다. 더욱이 솔로몬이 천 일 동안 번제물을 드렸다면 왕으로서 나라는 어떻게 다스렸겠는가? 그런데 우리는 흔히 이 말씀을 가지고 '일 천 번제 헌금'을 이야기하곤 한다. 그래서 열심히 기도하고, 일 천 번제와 같은 헌금을 쌓으면 솔로몬에게 응답해 주신 하나님의 응답과 기적을 맛볼 수 있을 것이라 한다. 그러나 실상은 그것과 전혀 상관이 없다! 성경에 나온 내용과 문맥을 완전히 왜곡한 것으로, 철저히 나의 자아를 추구하기 위한 '탐욕'에서 나온 부산물이 바로 '일천 번제 헌금'이다! 솔로몬이 기브온에 가서 '일천 번제물'을 드렸을 때, 하나님은 솔로몬에게 나타나셨다. 그리고 그가 구한 것은 '듣는 마음'이었는데, 이 구한 것이 하나님의 마음에 들었다고 하신다.

"솔로몬이 이때 타락했는가?"

"자신의 자아를 추구한 교만하며 탐욕스러운 왕이었는가?"

그렇지 않다! 솔로몬이 이때 하나님께 고백한 내용을 보면 어찌 그리 사울왕이 고백한 것과 똑같은지 놀라울 뿐이다.

솔로몬: "주께서 종으로 다윗을 대신하여 왕이 되게 하셨는데 종은 작은 아이라 출입할 줄을 알지 못합니다." (왕상3:7)

사울 왕: "나는 이스라엘 지파 중에 가장 작고 미약한 베냐민 지파이며, 나의 가족은 베냐민 지파 모든 가족 중에 가장 미약합니다." (삼상9:21)

우리가 잘 아는 대로 솔로몬은 자신의 백성을 잘 다스리고 재판하며, 분별할 수 있는 마음을 달라고 기도하였고, 하나님은 그 구하는 것이 마음에 맞아 솔로몬이 구하지 아니한 부귀와 영광도 허락하셨다.

"누가 주의 이 많은 백성을 재판할 수 있사오리이까. 듣는 마음을 종에게 주사 주의 백성을 재판하여 선악을 분별하게 하옵소서. 솔로몬이 이것을 구하매 그 말씀이 주의 마음에 든지라. 내가 또 네가 구하지 아니한 부귀와 영광도 네게 주노니 네 평생에 왕들 중에 너와 같은 자가 없을 것이라"(왕상3:9-10,13)

우리는 어쩌면 '하나님의 얼굴'을 구하는 가장 가치 있는 선물보다, 하나님의 손에서 떨어지는 '떡고물'에 더 큰 관심과 애정이 있는 것 같다. 그래서 '일천 번제 헌금'을 하는 이유도 결국 내가 원하는 것을 얻어내기 위해 그 많은 시간과 정성을 들여 솔로몬에게 주신 그 부귀와 영광을 얻고 싶은 '주술적 기복 종교'에 기인한 것은 아닌지 되묻고 싶다. 참으로 솔로몬의 출발은 사울 왕의 출발처럼 겸손하였고, 하나님의 영광을 추구하며 그분의 길로 행하려는 순수함이 있었다. 물론, 끝까지 가봐야 아는 것이 인생이듯이, 신앙의 여정도 결국은 죽음 앞에 서기 전까지는 알 수 없는 것이 아닐까?

솔로몬 지혜의 함정

우리는 솔로몬 하면 지혜의 사람으로 대표하는 것 같다. 아마도 그 유명한 솔로몬의 재판과 관련해서 하나님의 지혜가 그의 속에 있는 것을 보고 많은 분들이 나의 자녀가 솔로몬의 지혜를 닮았으면 하는 마음을 누구나 가져보았을 것 같다. 그래서 우리 가정도 아이들을 키울 때 솔로몬의 지혜에 대해서 이야기를 하기도 하고, 아이들에게 잠언서를 여러 번 읽고 노트에 필사하게 하기도 하였다. 그런데, 어느 날 아내와 딸의 대화를 듣게 되었다.

보배: "엄마! 왜 잠언서를 읽어야 해?"

김야엘: "잠언서를 읽어보면 솔로몬의 지혜를 볼 수 있고, 너의 인생에 도움이 되는 내용들이 많아."

보배: "내가 잠언서를 읽는다고 솔로몬이 되는 것은 아니잖아요?"

김야엘: "그거야 그렇지만, 잠언서를 읽으면 인생의 지혜에 대해 많이 배울 수 있어."

보배: "그런데 성경은 잠언서 밖에 없어요?"

보배: "다른 말씀을 읽으면 지혜가 안생겨요?"

김야엘: "..." (할 말 없음)

아내와 딸의 대화를 들으면서 나 자신에게 정직히 물어보게 되었다. 혹시, 잠언서를 여러 번 읽고 필사하게 한 동기가 솔로몬 같은 지혜로운 아이가 되고, 나중에 부귀와 영광을 함께 누릴 수 있는 어떤 '다른 동기'가 있었던 것은 아닐까? 자녀를 잘 키우고 싶은 부모의 욕심이 때때로 '신앙의 이름으로' 혹은 '하나님의 이름으로' 교묘히 포장을 하기도 한다.

솔로몬의 지혜가 '자녀 교육'이라는 이상한 방향으로 흘러가지 않았으면 좋겠다. 솔로몬이 구한 것은 자녀 교육이나 성공 혹은 처세술과 같은 오늘날 우리가 흔히 추구하는 그런 것이 아니었다. 듣는 마음을 구한 솔로몬의 동기는 백성들의 수가 너무 많아서 재판할 수 없을 정도인데, 주님이 맡기신 많은 백성들을 잘 섬기기 위해 듣는 마음을 주사, 선악을 분별하고자 했던 것이다. 그런데 우리는 솔로몬의 지혜를 나의 자녀 출세와 부귀 그리고 인생 성공을 위한 재료로 쓸 때가 참으로 많지 않았는가?

나는 이렇게 기도하는 분들을 볼 때 마다 참으로 안타까운 생각을 여러 번 했었다.

"우리 자녀들에게 솔로몬의 지혜를 주소서."

솔로몬이 가진 그 지혜로 하나님의 성전을 건축하고, 여러 가지 많은 일들을 했지만 솔로몬이 가진 지혜와 부귀영화는 결국 나중에 그의 발목을 잡은 뼈아픈 '올무'가 되었다. 왜냐하면, 출발은 '예배자'의 삶으로 시작하였으나 생의 마지막은 '우상 숭배자'의 삶으로 귀결되었기 때문이다.

아. 뿔. 싸!

나는 우리의 자녀들이 솔로몬의 지혜가 없더라도, 처음도 '예배자' 그리고 인생의 끝도 '예배자'인 거룩한 그리스도의 신부로 세워지기를 기도한다.

마약과도 같은 '탐욕'의 무상함을 보며

미국의 경제 전문지 '포브스(Forbes)'에서는 매년 3월 세계 개인 자산 순위에 의해서 전 세계에서 가장 돈이 많은 사람을 발표한다. 2023년 '포브스(Forbes)'에서 발표한 세계 부자 순위에 의하면 1위는 순자산 2,110억 달러를 보유한 'LVMH(루이비통모에헤네시)' 회장 겸 CEO인 '버나드 아르노'라고 한다. 그러나 솔로몬과 같은 이는 이전에도 없었고, 이후에도 없을 그런 왕이었다. 그가 가진 권력과 재산과 막강한 군사력 그리고 만물 안에 깃든 여러 현상들을 풀어내는 지혜와 지식은 이 세상 어느 누구도 따라가지 못했다.

"솔로몬 왕의 재산과 지혜가 세상의 그 어느 왕보다 큰지라. 온 세상 사람들이 다 하나님께서 솔로몬의 마음에 주신 지혜를 들으며 그의 얼굴을 보기 원하여 그들이 각기 예물을 가지고 왔으니 곧 은 그릇과 금 그릇과 의복과 갑옷과 향품과 말과 노새라 해마다 그리하였더라" (왕상10:23-25)

솔로몬은 왕이 된지 4년 후에 성전 건축을 시작하였다. 성전을 완공하는데 7년, 자신이 거주할 궁전을 짓는데 13년의 시간이 걸렸다. 그의 재위 40년의 기간 중에 24년을 건축에 올인하고, 나머지 16년을 우상 숭배의 삶을 살

앉던 사람이 솔로몬이다. 또한, 그의 우상 숭배로 말미암아 나라가 북이스라엘과 남유다로 나누어지게 되었다. 북이스라엘은 BC 721년 앗수르에 의해 망하고, 남유다는 BC 586년 바벨론에 의해 처참히 짓밟히게 된다. 솔로몬은 왕이 된 이후 수 많은 여인들을 사랑하였다. 바로의 딸 외에 이방의 많은 여인들 즉 모압과 암몬과 에돔과 시돈과 헷 여인이라 기록을 하고 있고 그의 여인들은 솔로몬의 마음을 돌려 다른 신들을 따르게 하였다.

"솔로몬 왕이 바로의 딸 외에 이방의 많은 여인을 사랑하였으니 곧 모압과 암몬과 에돔과 시돈과 헷 여인이라. 여호와께서 일찍이 이 여러 백성에 대하여 이스라엘 자손에게 말씀하시기를 너희는 그들과 서로 통혼하지 말며 그들도 너희와 서로 통혼하게 하지 말라. 그들이 반드시 너희의 마음을 돌려 그들의 신들을 따르게 하리라 하셨으나 솔로몬이 그들을 사랑하였더라"(왕상11:1-2)

결국 '마음의 문제'였다! 솔로몬의 마음은 다윗이 하나님을 온전히 믿고 따랐던 그 마음이 아니었다! 나이가 많아져서 인생의 황혼기에 접어 들었을 때에 그의 삶의 열매는 '우상 숭배'였다.

"솔로몬의 나이가 많을 때에 그의 여인들이 그의 마음을 돌려 다른 신들을 따르게 하였으므로 왕의 마음이 그의 아버지 다윗의 마음과 같지 아니하여 그의 하나님 여호와 앞에 온전하지 못하였으니 이는 시돈 사람의 여신 아스다롯을 따르고 암몬 사람의 가증한 밀곰을 따름이라. 솔로몬이 여호와의 눈 앞에서 악을 행하여 그의 아버지 다윗이 여호와를 온전히 따름 같이 따르지 아니하고 모압의 가증한 그모스를 위하여 예루살렘 앞 산에 산당을 지었고 또 암몬 자손의 가증한 몰록을 위하여 그와 같이 하였으며 그가 또 그의 이방 여인들을 위하여 다 그와 같이 한지라. 그들이 자기의 신들에게 분향하며

제사하였더라" (왕상11:4-8)

이들과 함께 제사 드리며 분향을 드린, 하나님을 떠난 솔로몬의 마음을 보라. 마음을 다른데 돌리면 그 빈 자리에는 반드시 내가 믿고, 내가 사랑하고, 내가 섬기고 싶은 다른 우상이 반드시 들어오게 됨을 성경은 가르치고 있다.

"주님을 사랑하지 않으면 반드시 우상을 사랑하게 되어 있다!"

"하나님 나라를 위해 결단하지 않으면 세상에 의해 결단을 당한다!"

"하나님의 소리를 듣지 않으면 세상의 소리에 마음을 빼앗긴다!"

"성령에 의해 인도함을 받지 않으면 반드시 내 육체의 탐욕에 지배를 당한다!"

후궁이 700명이요, 첩이 300명이었던 솔로몬이 아닌가! 이미 하나님은 솔로몬에게 경고의 말씀을 하셨음에도 불구하고 그의 눈과 귀는 점점 가리워져 갔다. 다시 말해, 솔로몬은 이방 여인들과 그들의 신들을 섬기고 사랑했지만, 자기가 믿고 싶고 사랑하고 싶은 자신만의 우상을 섬기며 살았던 것이다. 결국, '우상'은 '탐심'이 아닌가! '우상 숭배'는 결국 '자아 추구'의 결정체이며, '나(self)'을 숭배하고 사랑한 최종 결과물이다.

"그러므로 땅에 있는 지체를 죽이라 곧 음란과 부정과 사욕과 악한 정욕과 탐심이니 탐심은 우상 숭배니라" (골3:5)

"하나님의 영광으로 시작해서 나의 영광으로 삶을 마감하였다!"

"예배자로 시작해서 우상 숭배자로 삶을 마감하였다!"

"겸손으로 시작해서 교만으로 삶을 마감하였다!"

"기름부음으로 시작해서 악행으로 삶을 마감하였다!"

"솔로몬의 지혜가 부러운가?"

마약과도 같은 탐욕의 삶을 살았던 솔로몬은 오늘 우리에게 눈물로 권면하고 있다. 인간이 누릴 수 있는 가장 최고의 예배와 삶의 가치는 '하나님을 경외하고 그의 명령들을 지키며 사는 것'임을 잊지 말라고, .제발 잊지 말라고 말이다.

"일의 결국을 다 들었으니 하나님을 경외하고 그의 명령들을 지킬지어다. 이것이 모든 사람의 본분이니라" (전12:13)

신앙 생활의 결론은 '마무리'에 달려 있다

가끔 인터넷이나 신문 그리고 뉴스를 통해 사역자의 부정과 비리 그리고 가슴 아픈 이야기들이 들려 올 때가 있다. 예수님을 믿고 한 형제 된 교회 공동체의 지체로써 느끼는 답답함과 서글픔이 우리 모두에게 있는 이유는 처음에는 순수했는데, 나중에는 변질이 되어 이상한 방향으로 흘러가는 모습에 우리가 절망하고 가슴 아파하는 것이 아닌가!

신앙생활을 처음 할 때는 누구나 순수하고, 열정이 있고, 겸손하고, 배우려고 하고, 낮아진 곳에서 묵묵히 자신에게 맡겨진 일을 한다. 기름부음이 임하고, 사역이 확장되고, 사람들에게 인정과 칭찬을 받고, 교회와 여러 가지 일들에 대한 자신감이 생기면 나도 모르게 서서히 먼지와 이물질이 들어오고, 점차 관록과 경험 그리고 습관적인 종교의 '익.숙.함' 속에 나 자신이 방치되는 것을 느끼곤 한다.

성경을 읽다 보면 마무리가 좋은 사람들도 있지만 많은 경우에는 마무리가 좋지 않게 끝나는 경우가 많은 것 같다. 사사기에 등장하는 대표적인 영웅인 '기드온'의 경우가 바로 그러하다. 우리가 잘 알고 있듯이 하나님은 기드온을 통해 미디안의 압제에서 이스라엘 백성들을 구원하신다. 특히 사사기 7장에서 하나님은 '숫자 줄이기 게임'을 통해 하나님의 구원이 사람의 생각과 계산으로 되지 않는다는 것을 보여주신다.

"여호와께서 기드온에게 이르시되 너를 따르는 백성이 너무 많은즉 내가 그들의 손에 미디안 사람을 넘겨 주지 아니하리니 이는 이스라엘이 나를 거슬러 스스로 자랑하기를 내 손이 나를 구원하였다 할까 함이니라" (삿7:2)

여기서 우리는 하나님이 가장 싫어하시는 세 가지를 보게 된다. 첫째, 하나님을 대적하는 것둘째, 스스로 자랑하는 것 셋째, 내 손이 나를 구원하는 것, 즉 내 능력과 내 실력으로 나 자신을 입증해 보이는 것이다. 기드온과 함께 했던 사람들이 총 삼만 이천 명이었는데, 두려워서 떠는 자들은 돌아가라는 말씀에 만 명만 남게 되었다. 결국, 이 숫자도 많아서 하나님은 숫자 줄이기 게임을 하신 것이다. 이들은 하룻샘에 가서 물을 마시게 되는데, 개가 핥는 것 같이 혀로 물을 핥는 자들이 있었고, 무릎을 꿇고 마시는 자들이 있었는데, 손으로 움켜 입에 대고 물을 핥은 사람의 수가 삼백 명이 되었다.

"손으로 움켜 입에 대고 핥는 자의 수는 삼백 명이요 그 외의 백성은 다 무릎을 꿇고 물을 마신지라. 여호와께서 기드온에게 이르시되 내가 이 물을 핥아 먹은 삼백 명으로 너희를 구원하며 미디안을 네 손에 넘겨 주리니 남은 백성은 각각 자기의 처로로 돌아갈 것이니라 하시니" (삿7:6-7)

결국, 하나님은 이 사람들의 숫자가 제일 적었기 때문에 이들을 선택해서서 하나님의 구원을 보인 것이다. 기드온은 이스라엘의 다섯 번째 사사이며, 40년 동안 사사로 활동했다. 그는 미디안의 두 방백 '오렙(주: 까마귀)'과 '스엡(주: 늑대)'을 죽이고, 나중에는 미디안의 두 왕인 '세바'와 '살문나'를 죽임으로 하나님의 놀라운 구원의 역사를 드러낸 믿음의 영웅이었다. 더욱이 이스라엘 사람들이 기드온을 향해 우리를 다스려 달라고 했을 때도, 기드온은 참으로 하나님이 감동하시는 놀라운 선포를 하고 있다.

"기드온이 그들에게 이르되 내가 너희를 다스리지 아니하겠고 나의 아들도 너희를 다스리지 아니할 것이요 여호와께서 너희를 다스리시리라 하니라"
(삿8:23)

이렇게 하면서 사사기 8장의 이야기가 마쳐졌다면 이보다 더 좋을 수는 없었을 텐데, 기드온은 무슨 이유에서인지 그들에게 한 가지 요청을 한다. 이것이 나중에 기드온과 그의 집안에 '올무'가 되었는데 그것은 탈취한 귀고리를 달라는 요청이었다. 그들은 이스마엘 사람들이었기에 금고리가 있었다. 기드온이 모은 금 귀고리의 무게가 금 천칠백 세겔이요, 초승달 장식들과 패물과 미디안 왕들이 입었던 자색 의복과 그들의 낙타 목에 둘렀던 사슬을 가지게 되었다. 기드온은 그 금으로 에봇 하나를 만들어 자기의 성읍 오브라에 두었는데, 이것이 기드온과 그의 집안에 올무가 되었고, 온 이스라엘이 음란하게 섬긴 '탐욕 단지'가 되었다.

"기드온이 그 금으로 에봇 하나를 만들어 자기의 성읍 오브라에 두었더니 온 이스라엘이 그것을 음란하게 위하므로 그것이 기드온과 그의 집에 올무가 되니라" (삿8:27)

"기드온은 왜 금으로 에봇을 만들었을까?"

"하나님이 에봇을 금으로 만들라고 하셨는가?"

"기드온은 하나님의 소리를 듣고 반응했는가?"

애굽에서 인도하여 내신 하나님을 광야에서는 '금송아지'로 대체하더니 이제 미디안의 압제에서 건져내신 하나님을 '금에봇'으로 대체하고 말았다! 우리가 가진 '종교성'과 하나님을 향한 '왜곡된 열심'이 얼마나 하나님의 이름과 영광을 짓밟을 수 있는지 경고를 하고 있다. 신앙생활을 처음 하는 것은 너무나 귀하고 복된 소식이지만, 결국 신앙생활의 결론은 '마무리'에 있음을 보게 된다.

나도 '한때는 성령 충만한 적이 있었다'라고 말하지 말라! 왜냐하면, 한때 성령 충만했지만, '항상' 성령 충만한 삶을 살아내기란 쉽지 않다.

나도 '한때는 은사를 경험했다'라고 말하지 말라! 왜냐하면, 그 은사를 주신 주님을 항상 '주목'하며 사는 것은 말처럼 쉽지 않다.

나도 '한때는 기도하며 응답을 경험한 삶을 살았다'라고 말하지 말라! 왜냐하면, 그 기쁨을 세월이 지난 지금도 기억하며 가슴 떨리게 사는 것은 또 다른 이야기이다.

나도 '한때는 교회를 위해 헌신하며 결단한 순간이 있었다'라고 말하지 말라! 왜냐하면, 그 헌신의 강도가 변하지 않은 '항상성'을 유지하기 위해서는 매일의 '대가지불'이 필요하다.

나도 '한때는 회심을 경험하고 눈물을 흘리며 죄인 됨을 고백했다'라고 말하지 말라! 왜냐하면, 가난한 세리의 심령을 오늘도 가지기 위해서는

'매일' 십자가로 나아가야 하기 때문이다.

나도 '한때는 교회를 사랑하고, 섬기며, 최선을 다한 열심이 있었다'라고 말하지 말라! 왜냐하면, 그 열심이 '나'로부터 시작한 열심이었지, '주님'으로부터 시작한 열심이 아니지 않은가.

나도 '한때는' 결국 '한때'였을 뿐이다!

처음 출발과 다르게 '마무리'를 탐욕으로 끝마친 기드온의 삶은 오늘 우리에게 귀한 거울이 되고 있다.

회개의
소리

신앙의 넘사벽

신앙생활 초창기 때 나에게 있어서 신앙의 '넘사벽(주: 넘을 수 없는 사차원의 벽)'이 있었다. 저자도 알 수 없고, 기록 연대도 정확히 모르지만, 족장 시대일 것이라고 추정하는 '욥(Job)'이 그 주인공이다. 욥기에 등장하는 욥의 고난, 인내 그리고 하나님을 향한 절대적인 믿음과 신뢰의 모습을 보며 욥의 삶을 동경하고, 배우고 싶었다.

"어떻게 하면 욥과 같은 믿음을 가지며 살 수 있을까?"

이 주제는 나에게 있어서 큰 화두 이자, 도전이 되곤 했다. 욥기 1장 1절에 그는 온전하고, 정직하고, 하나님을 경외하고, 악에서 떠난 자라고 말을 한다.

"어떻게 사람이 이 네 가지를 다 가질 수 있을까?"

"온전함과 정직함과 하나님을 경외함과 악에서 떠난 이 욥의 성품을 보며 부러워하지 않을 사람이 누가 있을까?"

오늘날 교회 사역자를 뽑을 때 '0 순위'이자, 예비 사윗감을 선택할 때 가장 많은 표를 얻을 수 있는 사람이 아닐까 싶다. 더욱이 자녀의 복도 있어서, 아들이 일곱, 딸 셋이 태어난 유복한 가정이었다. 이것으로 충분할 텐데, 그가 가진 소유물을 보면 배가 아플 지경이다. 양이 칠천 마리, 낙타가 삼천 마리, 소가 오백 겨리, 암나귀가 오백 마리, 거느린 종도 많이 있었고 동방 사람 중에서 가장 훌륭한 사람이라 칭찬을 하고 있다.

"욥에게 부족한 것이 무엇이 있는가?"

오늘날 신앙생활을 하다 보면 흔히 하는 이야기가 있다.

"이 사람은 신앙은 좋은데, 직장이 별로야!"

"혹은 이 사람은 직장은 좋은데, 신앙이 약해!"

달리 표현하면 신앙이 좋다고 하는 사람은 정말 말 그대로 신앙만 좋은 경우가 많다. 그리고 돈을 잘 벌고 좋은 직장을 다니는 사람 중에는 신앙이 약한 경우가 있지 않은가? 그래서 '신앙과 실력을 두루 겸비한 인재를 찾기가 쉽지 않다'는 말을 종종 하거나 듣기도 한다.

그런데 욥은 예외인 것 같다. 신앙이면 신앙, 재물이면 재물, 인성이면 인성, 자녀 교육이면 자녀 교육 등 뭐 하나 빠질 것이 없는 욥의 이력을 보면 먼저 주눅이 드는 것은 나만의 경험일까? 이 정도의 재력과 성품을 가졌으면 자녀 교육은 좀 흐트러지고, 뭔가 약점도 보이고 문제가 있어야 공평한 것 같은데, 욥기 1장 4-5절을 보면 입이 다물어지지 않는다.

"그의 아들들이 자기 생일에 각각 자기의 집에서 잔치를 베풀고 그의 누이 세명도 청하여 함께 먹고 마시더라. 그들이 차례대로 잔치를 끝내면 욥이 그들을 불러다가 성결하게 하되 아침에 일어나서 그들의 명수대로 번제를 드렸으니 이는 욥이 말하기를 혹시 내 아들들이 죄를 범하여 마음으로 하나님을 욕되게 하였을까 함이라. 욥의 행위가 항상 이러하였더라" (욥기1:4-5)

자녀들이 혹시 마음에 죄를 범했을까 봐 하나님께 번제를 드렸는데, 문제는 욥의 행위가 항상 이런 마음의 자세를 가지고 했다는 것이다. 천상에서 하나님은 욥의 이런 모습을 보고 '내 종 욥'이라고 하셨고, 이렇게 온전하고, 정직하며, 하나님을 경외하고 악에서 떠난 자가 세상에 없다고 선언하셨다.

"여호와께서 사탄에게 이르시되 네가 내 종 욥을 주의하여 보았느냐. 그와같이 온전하고 정직하여 하나님을 경외하며 악에서 떠난 자는 세상에 없느니라" (욥기1:8)

욥기 1장을 읽을 때마다 나는 죄책감이 들곤 하였다. 욥의 삶을 보면 거의 완벽해 보이는 신앙을 가지고 있었기에 나에게는 정말 '넘사벽'이자 '믿음의 영웅'과도 같은 모범답안지를 보는 것 같았다. 하나님께서 인정하시는 욥의 모습은 나에게 끝없는 도전이자 목마름이었다. 더욱이 한 사람의 진정성은 고난을 겪어봐야 안다고 하는데, 욥은 자신이 당한 고난 앞에서도 범죄 하지 않고, 하나님을 원망하지 않았다는 말에 나는 고개를 절레절레 흔들게 되었다.

왜냐하면, 어느 가수의 노랫말 가사처럼, "그대 앞에만 서면 나는 왜 작아지는가!"라는 말이 욥 앞에 서 있는 나의 마음을 대변한 노랫말이었기 때문이다.

욥을 '우상화' 하지 말라!

우리 나라 한자어에 '화불단행(禍不單行)'이라는 표현이 있다. 그 말의 뜻은 '재앙은 혼자 찾아오지 않는다'라는 뜻이다. 우리가 흔히 쓰는 표현 중에 '업친데 덥친 격' 혹은 '설상가상'이라는 표현과도 유사하다. 욥의 자녀들이 맏아들의 집에서 식사를 하는 중에 들이닥친 고난은 정말 '화불단행'이었다. 욥의 자녀들이 맏아들의 집에서 식사 할 때 스바 사람이 갑자기 쳐들어 와서 소와 나귀를 빼앗고, 종들을 죽였다고 한다. 그가 '아직' 말하는 동안 다른 사람이 와서 말하길 하늘의 불이 떨어져 양과 종들을 불살랐다고 한다. 그가 '아직' 말하는 동안에 또 한 사람이 와서 말하길 갈대아 사람이 세 무리를 지어 낙타를 빼앗고 칼로 종들을 죽였다고 한다. 그가 '아직' 말하는 동안에 또 한 사람이 와서 말하길 자녀들이 음식 먹는 중에 큰 바람이 불어 집 모퉁이가 무너져 자녀들이 그 자리에서 죽었다는 것이다 (욥기1:13-19).

여기서 세 가지의 큰 특징을 발견하게 된다.

첫째는, 이 모든 일이 '갑자기' 일어난 상황이며 둘째는, 한 사람의 보고가 끝나기도 전에 연달아 계속해서 사건이 발생한 것이며 셋째는, 욥에게 사건

보고를 하는 종들만 살았고 자신의 자녀와 가장 소중히 여기는 것들은 모두 죽거나 빼앗김을 당했다.

주인께 보고한 종은 홀로 피해 주인께 아뢰고 있다. 종이 죽고 자신의 자녀가 살아야 하는 상황인데, 오히려 욥이 가진 재산과 자녀들이 모두 사라진 것이다. 그런데 놀랍게도 욥이 보인 반응은 우리 모든 그리스도인들에게 귀감이 되고 있다.

"욥이 일어나 겉옷을 찢고 머리털을 밀고 땅에 엎드려 예배하며 이르되 내가 모태에서 알몸으로 나왔사온즉 또한 알몸이 그리로 돌아가올지라. 주신 이도 여호와시요 거두신 이도 여호와 시오니 여호와의 이름이 찬송을 받으실지니이다 하고" (욥기1:20-21)

이 모든 일에 범죄 하지 않고 하나님을 원망하지 않는 욥의 모습을 본다. 참으로 우리가 본받아야 할 신앙의 자태라고 생각하며 우리 모두 그렇게 살기 위해 몸부림을 치지 않았는가.

그러나 욥의 친구 세 사람이(엘리바스, 빌닷, 소발) 욥을 위로하기 위해 오고, 밤낮 칠 일 동안 함께 있고 난 뒤에 욥은 자신의 생일을 저주하기 시작하면서 자기 속에 있는 깊은 실체를 하나씩 드러내기 시작하였다. 욥기 3장부터 37장까지 욥은 세 친구와의 기나긴 논쟁을 하게 되는데 결론적으로, 욥이 하나님 앞에 고꾸라지면서 다루심을 받은 영역은 '나의 의(self -righteousness)'였다. 왜냐하면, 이런 상황을 통해 하나님이 정말 다루고 싶으셨고 우리 모두 배우기를 원했던 것은, 내가 가지고 있었고, 내가 자랑처럼 여기며, 내 손에 꾹 움켜쥐고 있었던 철저한 '나의 의(self-righteousness)'와 '나의 자랑(self-pride)'을 무너뜨리는 것이었다.

"욥의 이런 모습을 신앙의 자태라고 생각하지 말라!"

"욥의 이런 모습을 신앙의 샘플이라고 생각하지 말라!"

"욥을 신앙의 우상화로 삼고, 믿음의 모범이라 생각하지 말라!"

"욥이 움켜쥐고 자랑처럼 삼고 있었던 자기 의(self-righteousness)를 다루시는 하나님의 열심만 주목하라!"

차라리 '유구무언'이 낫다

하나님의 허락하에 욥은 발바닥에서부터 정수리까지 종기가 나게 되었다. 그 가려움 때문에 재 가운데 앉아서 질그릇 조각을 가지고 자신의 몸을 긁고 있는 욥의 이야기가 욥기 2장에 나온다.

"사탄이 이에 여호와 앞에서 물러가서 욥을 쳐서 그의 발바닥에서 정수리까지 종기가 나게 한지라. 욥이 재 가운데 앉아서 질그릇 조각을 가져다가 몸을 긁고 있더니" (욥기2:7-8)

나는 이 부분을 읽을 때마다 그의 가려움의 고통이 얼마나 극심했을지 100% 이해는 못하지만, 부분적으로는 이해 할 수 있을 것 같다. 왜냐하면, 나 자신이 초등학교 때부터 지금까지 '소레아시스(주: Psorasis, 심상선 건선 피부병)'라는 만성 피부 질환을 지금까지 앓고 있기 때문이다. 나 또한 가려움으로 인해 질그릇이나 다른 도구를 이용해서 피가 나도록 몸을 긁은 적이 있기 때문이다. 지금도 머리 정수리 부근 두피에는 피부 질환으로 속이 빨갛고, 온몸에 번져 있다.

또한, 환절기 때마다 심해지는 피부 가려움증에 나의 속옷은 늘 피부 딱지와 피가 흘린 자국 때문에 빨래하는 아내의 마음에 심한 고통을 주기도 한다. 더욱이 신앙을 가진 이후 나의 피부병에 대한 아픔과 힘겨운 이야기를 듣고 나에게 말했던 수많은 신앙의 '미사여구(주: 아름다운 말로 듣기 좋게 꾸민 글귀를 표현하는 의미)'적 표현은 평생 잊지 못할 '불쾌한 추억'으로 남아 있다. 남의 아픔을 위로해 주고, 힘든 상황을 이해해 주었다고 생각을 했는데, 나중에 알고 보면 그렇지가 않았기 때문이다.

"하나님께서 주의 나라를 위해 더 크게 쓰시려고 이런 병을 주신거야!"

"혹시 요나 형제 죄를 지어서 이 병을 주신 건 아닐까?"

"기도해봐요, 주님이 고쳐주실 겁니다!"

"혹시 부모님께서 과거에 무슨 일을 했어요?"

"요나 형제를 겸손케 하시기 위해서 이런 고통을 주시는 겁니다!"

하나님 나라를 위해 크게 쓰시려고 이런 고난과 아픔을 주셨다는 말에 순진한 나는 '아멘'하며 모든 말을 받아들이곤 했지만, 어느 순간 이러한 모든 '신앙적 표현들(?)'이 바르고 건강하지 않다는 것을 알게 되었다. 어느 날 이 피부병이 하나님의 큰 축복이라고 기도하는 형제에게 이렇게 이야기를 한 적이 있었다.

요나: "나를 위해 기도해 줘서 고마운데, 이 피부병 형제한테 옮겨져서 크게

하나님으로부터 쓰임 받았으면 좋겠어."

형제: "아! 아니 괜찮아."

요나: "아니 무슨 말이야, 이 병이 그렇게 큰 축복이라고 하니까 이 축복을 함께 나누고 싶어."

형제: "..." (할 말 없이 그냥 조용히 떠나갔다)

    우리는 인간적으로 이해 할 수 없는 고난과 아픔을 가진 사람들을 볼 때 그냥 말없이 눈물을 흘리고, 안아주면 되는데, 스스로 깨닫지도 못하고, 알지도 못하는 지식을 가지고 그 문제를 해결하려고 하는 오류를 범한다.

    욥의 세 친구들도 욥이 당한 고난을 듣고, 자기가 사는 지역에서부터 와서 욥과 함께 칠일 동안 밤 낮으로 함께 지낸다. 나는 욥의 세 친구의 모습을 보며 진정 멋진 친구들이며, 평생 함께 할 귀한 동역자를 둔 욥을 부러워하기도 하였다. 그들이 일제히 소리 질러 울며, 겉옷을 찢고, 하늘을 향하여 티끌을 날려 자기 머리에 뿌리며 밤낮 칠 일 동안 함께 한 이 친구들의 모습에 나는 감동을 받았고 참 귀한 헌신이라 생각을 했었다 (욥기2:11-13).

    그러나 욥의 고통이 심할 때 그에게 한마디도 말하는 자가 없었는데, 계속 말을 하지 않았으면 더 좋았을 것을, 결국 욥의 실체도 드러나고, 세 친구의 실체도 드러나게 되었다. 욥이 하나님을 원망하지 않았고, 입술로 범죄하지 않았다는 것이 얼마 가지 못한다.

    왜냐하면, 욥기 3장부터 37장까지 욥의 변론과 세 친구들의 반론이 나오는데 한 마디로 이야기하면 서로 피 터지게 싸우며, 비난하며, 공격하며 방어하는 내용이다. 욥의 세 친구들은 결국 이 모든 일이 '인과응보(주: 행한 대로 그 대가를 받는다는 뜻)'라고 믿었고, 욥이 죄를 지었기 때문에 이러한 고난을 받는 것이라고 비난하고 있다. 아이러니하게도 위로해 주러 온 친구들이 오히려 욥을 비난하고 공격을 하고 있다.

　나의 피부병을 보면서 주변에 신앙적 조언을 해 주고 한 사람들도 대부분 욥의 세 친구들 처럼 위로를 포장한 '정죄'요, '비난'이며 '판단'이었다. 심지어 나의 부모님의 과거와 영적인 삶의 수준까지 들추며 이 병의 원인을 찾으려고 했던 사람들이 대부분이었다. 함께 울어주고, 함께 품어줄 것 같은 사람들이라 생각했지만, 결국 '종교'라는 허울 좋은 가면 속에 감추어진 '나의 의(self-righteousness)'와 '나의 자랑(self-pride)'을 드러내기 위한 것임을 그때는 몰랐다. 많은 경우 '유구무언(주: 입은 있으나 할 말이 없다는 뜻)' 하는 것이 신앙적 표현보다 훨씬 더 은혜가 될 때가 있다.

나의 의(義)가 망해야 산다

많은 사람들이 욥기를 읽으면서 '욥의 인내'에 대해서 많이 강조하시고 들으시는 것 같다. 더욱이 야고보서 5장 11절에 보면 인내하는 자를 우리가 복되다 하는데, 욥의 인내를 들었고 주께서 주신 결말을 보았다는 야고보의 말씀 때문인지 특히, 욥기 하면 '인내'라는 것에 더 집중하는 것 같다. 그러나 욥기 42장까지 읽고 내릴 수 있는 유일한 결론은 욥의 인내가 아니라, 욥의 '자기 의(self-righteousness)'를 다루시고 새롭게 하시는 '하나님의 자비하심'에 있음을 알게 된다. 세 친구와의 격렬한 논쟁 그리고 나중에 합류한 엘리후의 변론을 듣고 난 이후, 하나님은 욥기 38장에서 개입을 하신다. 욥기 3장부터 37장까지 서로에 대해 피 터지게 싸우고 자신을 변론하고 설득하려고 한 모든 것들에 대해 하나님의 선고는 '무지한 말'이라 하신다.

"그때에 여호와께서 폭풍우 가운데에서 욥에게 말씀하여 이르시되 무지한 말로 생각을 어둡게 하는 자가 누구냐" (욥기38:1-2)

오늘 우리가 쓰는 표현을 빌리자면, 이렇게 표현 할 수 있을 것 같다. "잘 모르면 말을 하지 말라!"

하나님은 자신의 창조 세계를 통해 욥이 그동안 가지고 있었던, 손에 움켜 쥐고 드러내지 않았던 깊은 '자기 의(self-righteousness)'를 들추어 내신다. 결론적으로, 욥은 자신이 세 친구들과 나누었던 모든 자기 변명, 자기 핑계, 자기 합리화, 그리고 자기의 모든 말들이 결국은 '무지한 말'이었음을 인정하게 되었다. 욥기 42장 3절에 고백하기를, 그가 한 모든 말은 '깨닫지 못한 일'이었고, '스스로 알 수도 없는 일'이었으며 '헤아리기도 어려운 일'을 말함으로 자신의 '무지함'을 결국 인정하고 무릎을 꿇게 된 것이다. 하나님이 보여주시고, 알려주시지 않는 한 알 수가 없다는 것을 욥이 드디어 알게 된 것이다.

"욥이 당한 고난과 아픔에 대해서는 아무런 언급도 하지 않으시는 하나님의 모습에 당혹스러움이 느껴지는 것은 나만 느끼는 것인가?"

"도대체 왜 욥이 이런 고난을 받아야 했는지 하나님은 설명이 없으시다!"

나는 왜 전능하신 하나님이 욥의 이러한 고난과 아픔을 허락하셨는지 구체적으로 설명하지 않으신 것이 납득 되지 않는다. 오히려 인간으로서 대답할 수 없는 창조 세계에 대한 질문을 하시는 하나님의 모습에 당혹감을 느낀다. 하나님이 만드신 모든 창조의 세계에 대해 질문을 하시는데, 피조물인 욥이 태어나기도 전에 일어난 일들을 어떻게 알 수 있으며 대답을 할 수 있겠는가? 하나님의 질문은 욥의 입을 다물게 하신다.

이 지구상에 종의 개수가 800 만종이라고 하는데, 절반 이상이 우리 눈에 보이지 않는다고 한다. 우리 눈에 보이지 않는 바이러스는 스스로 물질대사를 할 수 없어서 반드시 '숙주'에 기생을 해야만 하는 '반 생명체'라고 한다. 그런데 이 바이러스 크기가 우리 머리카락 직경의 수천 분의 1의 크기로 우리 눈에 보이지 않는다. 그런데 이러한 바이러스가 우리 인류에게 커다란 숙제와 불편함을 던지고 있다. 이 지구상에 존재하는 바이러스가 6,000여 종이라고 하는데 우리에게 실제로 병(disease)을 일으키는 바이러스는 1%도 되지 않는다고 하니, 우리가 알고 있고, 경험하고 체득한 지식과 기술의 진보라는 것이 얼마나 빈약한 것일까?

　1994년 호주에서는 '헨드라 바이러스(Hendravirus, HeV)'라는 것이 번졌다. 감염 경로를 역추적해서 알게 된 사실은 인도네시아에서 '화전 농업(주: 산이나 숲을 불태워 재를 땅의 거름으로 활용해 농사를 짓는 방법)'으로 말미암아 서식지를 잃은 과일박쥐들이 자신들의 살 곳을 찾아 수천 킬로 떨어진 호주까지 날아왔는데, 그때 생긴 바이러스가 바로 '헨드라 바이러스(Hendravirus, HeV)'라고 한다. 코로나바이러스 사태로 인해 우리는 다양한 이야기와 정보와 경험을 체득하고 있지만, 욥의 고백처럼 우리가 알고 있다고 하는 지식이나, 기술이나, 정보를 가지고도 우리는 바이러스 백신조차 만들어 내지 못하는 한계성을 매일 경험하고 있지 않은가?

"감염병의 주기가 매년 10년이라고 감염병 전문가들은 말을 한다."

　코로나 백신이 나올 때 쯤 또 다른 변이 바이러스가 출현하고, 그 변이 바이러스를 퇴치하기 위해 또 백신을 개발하고, 또 몇 년 지나서 다른 바이러스가 다시 출현하게 된다면 '대재앙'이 아니겠는가?

"여호와께서 또 욥에게 일러 말씀하시되 트집 잡는 자가 전능자와 다투겠느냐 하나님을 탓하는 자는 대답할지니라. 욥이 여호와께 대답하여 이르되 보소서 나는 비천하오니 무엇이라 주께 대답하리이까 손으로 내 입을 가릴 뿐이로소이다. 내가 한 번 말하였사온즉 다시는 더 대답하지 아니하겠나이다"
(욥기40:1-5)

"손으로 내 입을 가리기도 민망한 삶을 우리가 지금까지 살지 않았는가!"

"주님! 나는 비천하오니 무엇이라 주께 대답하리이까. 손으로 내 입을 가릴 뿐이로소이다!"

오늘 우리가 드려야 할 기도는 우리의 입을 오늘도 가리는 것이라 믿는다.

"나는 깨닫지 못하는 자입니다!"

"나는 스스로 알 수 없는 자입니다!"

"제 스스로 헤아리기 어려운 일에 대해 말한 것을 부끄럽게 생각합니다!"

주님이 알게 해 주시지 않으면 나는 그 어떤 것도 깨달을 수 없고, 헤아릴 수 없다는 것을 욥이 드디어 알게 된 것이다. 욥기를 통해 우리 모두 가 배워야 할 최고의 예배가 있다. 욥이 고난을 당했을 때 원망하지 않고, 저주하지 않고, 욕을 하지 않고 범죄 하지 않았던 자세도 필요하겠지만, 하나님께서 이 모든 일을 통해 원하셨던 예배는 욥기 42장 6절에 나온다.

"그러므로 내가 스스로 거두어들이고 티끌과 재 가운데에서 회개하나이다"
(욥기42:6)

욥은 자신이 깨닫고 스스로 알고 있다고 생각한 모든 논리와 생각과 변명과 지식의 궤변을 내려놓고 피조물로서 창조주 앞에 엎드리며, 최상의 예배인 '회개'를 드린다. 나는 왜 지금까지 이런 피부병을 가지며 살고 있는지 모른다.

"알려고 한들, 내가 그분의 뜻과 마음을 어찌 이해하며 깨달을 수 있을까?"

다만, 주 앞에 설 때까지 '스스로 거두어 들이고 날마다 회개하며 사는 삶'을 살아가는데, 나의 피부병이 주께 더 가까이 가도록 인도하는 '몽학 선생'의 역할을 한다면 나의 인생은 저주 받은 인생이 아니라 분명 '복된 인생'이라 믿는다.

삭개오 그리고 영화 '밀양'

　수년 전 영화 밀양이 개봉이 되었을 때 나는 이 영화가 반기독교 혹은 반성경적인 내용을 담아 기독교를 공격하려는 그런 영화라고 생각을 한 적이 있었다. 물론, 그러한 내용들이 있는 것은 사실이지만 나는 그 영화를 만든 작가나 감독이 어떤 의도를 가지고 만들었는지 알 수는 없었지만, 나 자신을 되돌아보고, 성찰하는 마음으로 영화를 꼽씹어 보며 묵상을 했던 적이 있었다. 그런데 자칭 코로나 시대를 살아가면서 밀양이라는 영화가 다시금 생각이 났다. 영화에는 기독교와 관련된 여러 상징과 표현들이 나온다.

　예를 들어 은혜, 사랑, 십자가, 예수님, 회개 그리고 용서라는 단어까지 말이다. 물론, 기독교에서 말하는 회개와 용서는 영화에서 표현되어지는 것과는 상당히 다르다. 그렇지만 영화 밀양은 나에게 적지 않은 충격과 도전을 준 영화이며, 하나님을 믿는다고 자처하고 그분의 길을 따라가는 나의 마음을 성찰하도록 고민을 던져 준 영화이기도 했다. 코로나를 지나면서 한국의 기독교가 욕을 많이 먹고 있다. 또한, 같은 그리스도인으로서 고개를 들지 못하고, 마음이 아프고 참담한 일들도 경험을 하고 있다. 회개를 통해 하나님께 나아갈 수 있고, 용서를 구할 수 있는 것은 사실이지만 나의 이웃이나 공동체에 손해를 입히거나, 손실을 초래했을 경우 우리는 그러한 손해에 대해 '배상'

을 해야 하고, 공개적으로 회개하며 용서를 구해야 한다. 그러나 '입술로만' 하나님께 회개하고 아무 일도 없었다는 듯이 그렇게 살아가는 것에 너무나 익숙하다.

만일 회개라는 것이 정말 어렵고 희생이 따르고, 대가 지불이 있어야 하며, 상대방에 대한 손실과 손해에 대해 그 가치에 맞도록 보상을 해야 한다고 배웠다면, 한국의 기독교와 교회는 많은 사람들의 존경과 신뢰의 표본이 되었을 것이라 생각한다. 많은 목회자들이 주일날 설교를 준비하기 위해 토요일날에는 가급적 사람들을 만나거나, 모임을 잡거나 하지 않으려고 한다. 한 편의 설교를 준비하기 위해 모든 신경과 마음과 생각을 집중하며 다듬어야 한다는 것을 목회자들은 알고 있다. 그런데 생각지도 못하게 설교를 하거나 강의를 해야 하는 중요한 날에, 이런저런 일들로 마음이 분주하고 때로는 아무것도 아닌 일로 마음이 상하고 다투고 와서 설교를 해야 하는 상황들도 생기곤 했다. 그럴 때 참 요긴하게 사용한 방법은 내가 알고 있는 '립 서비스 회개 (주: 뭔가 마음이 찝찝해서 입술로만 나의 죄를 자백하는 짝퉁 회개를 뜻한다)'였다. 나의 죄를 입술로 토설하고, 요한일서 1장 9절 말씀을 인용하면서 주의 보혈로 씻고, 말씀을 선포하였다.

"만일 우리가 우리 죄를 자백하면 그는 미쁘시고 의로우사 우리 죄를 사하시며 우리를 모든 불의에서 깨끗하게 하실 것이요" (요일1:9)

그런데 '짝퉁 회개'를 입술로만 하면 그 설교와 강의에 '기름부음'이 사라졌다는 것을 곧 알게 된다. 설교와 강의는 입술에서 나오는 하나의 '테크닉'이 아니라는 것을 우리는 잘 알고 있다. 그것은 성령의 감동에 의해 하나님의 영이 나의 몸과 마음을 사로잡아 하늘의 지혜와 아버지의 마음이 부어져서 흘러가는 선포이지 않은가! 이러한 경험을 하고 난 뒤에 나는 설교 전에 혹은 강의 전에 나의 마음을 점검하고, 혹 부지중에 잘못 한 일은 없는지, 마음을 아프게 하거나 상하게 한 사람은 없는지 점검을 하게 되었다. 만일 그러한 일들이 생각이 나서, 설교에 걸림돌이 된다면 그 전에 반드시 연락을 해서 엉클어진 관계를 회복하려고 하였다. 그렇지 않으면 설교 시간에 어떠한 성령의 역사도 일어나지 않는다는 것을 배웠기 때문이다.

"그러므로 예물을 제단에 드리려다가 거기서 네 형제에게 원망들을 만한 일이 있는 것이 생각나거든 예물을 제단 앞에 두고 먼저 가서 형제와 화목하고 그 후에 와서 예물을 드리라" (마5:23-24)

목사이기 때문에, 선교사이기 때문에 설교를 해야 하는 일들이 있었다. 또한, 강의를 위해 사람들 앞에 서야 할 때도 있었다. 그런데 가끔은 나 자신의 삶을 돌아보면서 '먼저 가서' 형제와 화목해야 하는데, 대충 회개했다고 치고, 먼저 예물을 드리고 예배를 드려야 한다는 그런 '이중적인 삶'을 살지는 않았는지 말씀 앞에 비추어 보게 된다.

"하나님께 신령과 진정으로 예배를 드려야 한다!"

"또한, 하나님께서 원하시는 예물을 드리며 주께 찬양을 올려야 한다!"

그러나 하나님은 '먼저 가서' 나로 인해 고통을 받고, 마음에 상처를 입고, '실족한 형제'에게 먼저 가서 화목케 하는 것을 더 기뻐하신다. 우리는 천하보다 귀한 한 영혼이라고 입술로는 말을 하지만, 정작 천하보다 귀한 한 영혼 혹은 한 이웃의 아픔과 괴로움에 대해 무관심할 때가 많다. 레위기에는 우리가 잘 아는 5대 제사가 나온다. 번제, 소제, 화목제, 속죄제 그리고 속건제가 나오는데, 영화 밀양에서 주인공의 아들을 죽인 살인자의 고백을 들으면서 마음이 불편했는 것은, 피의자가 하나님께 직접 회개를 했고, 용서를 받았다고 하지만 정작 중요한 피해자에 대해 어떠한 '배상'이나 '보상'을 하지 않았다는 사실이다!

다시 말하면 '속건제'를 하지 않은 것이다!! 속건제는 타인에게 해를 끼쳤을 때 보상을 해야 하는 제사인데, 훔치거나 손해를 끼치면 소는 다섯 배, 양은 네 배로 갚아야 하는 제도이다. 결국, 영화를 보면서 불편한 감정이 여기에 있었던 것이다! 값싼 회개, 값싼 십자가, 값싼 복음 그리고 값싼 용서라는 생각이 떠나지 않았다. 죄를 지으면 '회개'하고 '용서'를 받는 것은 사실이다. 그러나 그 죄에 대한 대가는 철저히 계산되어야 하는 것이 성경의 원리이다.

"삭개오가 코로나 시대에 영화 '밀양'을 본다면 무슨 반응을 보일까?"

누가복음 19장에 보면 세리장이자, 부자인 삭개오가 예수님을 만나고 난 뒤에 참으로 진정한 속건제가 무엇인지 보여주고 있는 놀라운 장면이 나오는데, 이는 레위기 5장 15절에 근거한 '참된 회개'의 모습이기 때문이다.

"삭개오가 서서 주께 여짜오되 주여 보시옵소서. 내 소유의 절반을 가난한 자들에게 주겠사오며 만일 누구의 것을 속여 빼앗은 일이 있으면 네 갑절이나 갚겠나이다. 예수께서 이르시되 오늘 구원이 이 집에 이르렀으니 이 사람도 아브라함의 자손임이로다" (눅19:8-9)

"누구든지 여호와의 성물에 대하여 부지중에 범죄하였으면 여호와께 속건제를 드리되 네가 지정한 가치를 따라 성소의 세겔로 몇 세겔 은에 상당한 흠 없는 숫양을 양 떼 중에서 끌어다가 속건제로 드려서" (레5:15)

"다윗이 밧세바를 간음함으로 인해 회개를 하였는가?"

"그렇다!" 다윗은 하나님께 진심으로 회개하며 주의 용서를 구했다.

"그런데 아무 일도 없었는가?"

우리는 우리의 죄에 대해 너무 소홀이 생각하는 경향이 강하다. 그저 입술로 회개하고 주께 용서를 구하면 아무 일도 없었던 것처럼 그냥 지나갈 거라 생각하지만, 다윗은 자신의 범죄에 대해 철저히 대가를 치르며 주의 공의로운 심판을 받게 되었다는 것을 잊으면 안된다!

다윗은 자신이 저지른 간음죄로 인해 다음과 같은 하나님의 공의로운 심판을 받았다. 다르게 표현하면, 죄에 대한 철저한 대가를 치렀던 것이다. 물론 다윗은 회개를 통해 하나님께 용서를 받았지만 말이다. 이것이 성경에서 이야기하는 '참된 회개'와 하나님께 받은 '용서'의 의미이다.

1) 다윗이 행한 간음 사건은 하나님 보시기에 악했다 (삼하11:27).

2) 밧세바가 낳은 아이를 하나님은 치셔서 심히 앓게 하시고 죽게 하셨다 (삼하12:15-18).

3) 이 사건 이후 다윗의 아들 암논이 자신의 누이 다말을 간음한다 (삼하13:1-19).

4) 압살롬은 누이 다말을 간음한 암논을 살해한다 (삼하13:23-29).

5) 압살롬은 자신의 아비 다윗의 왕위를 찬탈한다 (삼하15:1-23).

6) 다윗은 사울의 친족인 시므리에게 저주를 받는다 (삼하16:5-11).

7) 압살롬이 죽임을 당한다 (삼하18:1-15).

다윗이 간음함으로 인해 그 가족들 안에서 또 다른 간음 사건이 발생을 하고, 그로 인한 '피의 보복'으로 사랑하는 아들들(암논, 압살롬)을 잃게 되었다. 성경은 죄에 대해 무서운 경고를 하고 계실 뿐만 아니라, '참된 회개'는 이웃에게 그리고 공동체에 해를 끼치거나 손해를 입혔을 경우 대가 지불을 통한 '참된 열매'를 우리에게 요구하고 계신다는 것을 알 수 있다.

"그러므로 회개에 합당한 열매를 맺고 속으로 아브라함이 우리 조상이라고 생각하지 말라. 내가 너희에게 이르노니 하나님이 능히 이 돌들로도 아브라함의 자손이 되게 하시리라" (마3:8-9)

만일, 이 코로나 시국에 삭개오가 우리나라를 방문한다면 가장 먼저 이 말을 하지 않을까 싶다.

"어!,..이상하다,..회개는 그게 아닌데"

오직 긍휼뿐이다!

복음은 모든 사람을 변화시키는 하나님의 능력이 된다. 그래서 예수님을 처음 만나서 회심을 하고, 변화 받은 사람들의 한결같은 고백은 '내가 죄인입니다!' '나를 긍휼히 여기소서'라는 고백이다. 왜냐하면, 나의 존재가 얼마나 더럽고, 무섭고, 거룩하신 하나님 앞에 설 자격이 되지 않는다는 것을 알기때문이다. 이러한 고백이 주님 앞에 설 때까지 변함이 없었으면 좋겠지만, 신앙생활을 하면 할수록 우리들의 어깨에 힘이 들어가는 것이 문제가 된다.

누가복음 18장에는 바리새인과 세리에 관한 비유의 말씀이 나온다. 한 사람은 '바리새인(히브리어: 페루쉬, 구별된 자)'이고, 또 한 사람은 '세리(주: 세금을 거두어 들이는 자)'이다. 당연히 바리새인은 구별된 자이고, 부정한 것으로부터 자신을 분리하는 자이기에 세리에 비하면 훨씬 더 도덕적이고, 깨끗하고, 우리가 볼 때 하나님의 인정을 받을 수 있는 사람이다. 그에 반해 세리는 로마의 통치하에 자신의 백성들에게 세금을 거두는 일을 하는 사람이었기 때문에 원망과 조롱 그리고 무시를 받는 직업이었다. 그런데 이 두 사람이 기도하러 성전에 올라가게 된다.

"이 두 사람 중에 누가 성전에 올라가 기도를 할 자격이 된다고 생각하는가?"

"이 두 사람 중에 누가 의롭다고 생각이 되는가?"

"당연히 바리새인이다!"

"세속적인 것으로부터 자신을 구별해서 드린 바리새인이야 말로 성전에 올라가 기도할 자격이 되지 않을까?"

　감히, 같은 동족들의 세금을 거두는 세리가 성전에 올라가 기도를 한다고 하면 얼마나 비웃었을까. 성전에 올라가 기도를 하는 바리새인의 모습을 누가복음 18장 11-12절에서 이렇게 말씀하고 있다.

　1) 서서 따로 기도한다.

　2) 나는 다른 사람들하고 같지 않다.

　3) 토색, 불의, 간음을 하지 않는다!

　4) 이 세리와도 같지 않다.

　5) 일주일에 두 번씩 금식을 한다.

　6) 소득의 십일조를 드린다.

"바리새인이 서서 따로 기도하고, 토색, 불의, 간음을 하지 않은 것이 문제인가?"

"세리와도 같지 않고, 오히려 일주일에 두 번씩이나 금식을 하고, 소득의 십일조를 드리는 바리새인의 삶이 더 훌륭하지 않은가?"

기도를 하지도 않고, 토색하며, 불의를 행하며, 간음을 하는 사람들도 많다. 또한 금식을 하지도 않고, 소득의 십일조도 하나님께 드리지 않은 죄인들보다는 이렇게 종교적으로 바르고 착한 생활을 하는 바리새인이 하나님께 칭찬을 받는 것이 당연하며, 천국에 가는 것이 마땅해 보인다. 그런데 여기서 놀라운 반전이 등장을 한다. 하나님은 이 바리새인의 모습을 보시고, '의롭지 못하다'라고 책망을 하고 계신다.

"왜 그럴까?" 그것은 바리새인이 하나님 앞에 내세운 '종교성 무기'가 다름 아닌 '자신의 의(self-righteousness)'였기 때문이다. 따로서서 기도하며, 토색, 불의, 간음을 하는 자들과 같지 아니하고, 이 세리와 같지 아니함을 감사하고 있다. 하나님께 감사할 제목들이 여러 가지 많이 있을 텐데, 얼마나 자신의 의(self-righteousness)가 충만하면 이 부분을 가지고 감사 기도를 하고 있을까? 바리새인은 철저히 '나 중심(self-centered)'적으로 이렇게 말을 하고 있다.

"나는 다르다!"

"나는 이 세리와 같은 죄인이 아니다!"

"나는 당신 앞에 설 자격이 있는 사람이다!"

일주일 중에 두 번씩 금식하고, 소득의 십일조를 드리는 자신의 '종교 행위'를 통해 자신이 얼마나 의로운 사람인지 보여주고 있다. 반면에 세리의 모습은 너무나 다른 면을 보여주고 있다.

"세리는 멀리 서서 감히 눈을 들어 하늘을 쳐다보지도 못하고 다만 가슴을 치며 이르되 하나님이여 불쌍히 여기소서 나는 죄인이로소이다 하였으니라" (눅18:13)

그는 '멀리 서서, 감히 눈을 들어 하늘을 쳐다보지도 못하고, 다만! 가슴을 쳤다'고 한다.

"왜 세리는 멀리 서야만 했을까?"

"왜 세리는 감히 눈을 들지 못했을까?"

"왜 세리는 하늘을 쳐다보지 못하고 다만 가슴을 쳐야 했을까?"

"일주일 중에 두 번씩 금식을 하지 못해서일까? 아니면 소득의 십일조를 드리지 못한 것 때문에 송구스러워서 눈을 들지 못한 것일까?"

이 세리는 내세울 것이 아무것도 없는 사람이었다. 자기 스스로가 하나님 앞에 설 수 없는 존재라는 깊은 자기 인식을 가지고 있었다.

"그런데 그가 거룩하신 하나님이 머무시는 성전에 올라가 기도를 하는데, 무슨 기도를 할 수 있었을까?"

"하나님! 불쌍히 여기소서. 나는 죄인이로소이다" (눅18:13)

나는 이 세리의 신앙 고백이 세상에서 가장 아름다운 말이라 믿는다. 왜냐하면, 이 고백이면 충분하기 때문이다. 그런데 이상하게도 주님을 만나 회심을 경험하고 신앙생활을 오래 하면 오래 할수록 왜 우리는 세리와 같은 가난한 심령으로 주 앞에 나오지 못하고, '바리새인적인 종교성'을 가지고 나의 의(self-righteousness)을 자꾸 드러내려고 하는 것일까?

예수님은 바리새인이 의로운 것이 아니라, 자신의 죄인 됨을 고백하고 낮춘 이 세리가 하나님 앞에 '의롭다 하심을 받았다'라고 하신다. 자신은 한 일이 없고 하나님께 의로 여기심을 받는 자가 복이 있다고 한 말씀은 이 세리에게 해당이 된다.

"일을 아니할지라도 경건하지 아니한 자를 의롭다 하시는 이를 믿는 자에게는 그의 믿음을 의로 여기시나니 일한 것이 없이 하나님께 의로 여기심을 받는 사람의 복에 대하여 다윗이 말한 바 불법이 사함을 받고 죄가 가리어짐을 받는 사람들은 복이 있고 주께서 그 죄를 인정하지 아니하실 사람은 복이 있도다 함과 같으니라" (롬4:5-8)

"'당신은 지금 나의 의를 드러내는 바리새인의 마음을 가지고 있는가?"

"아니면 심령이 깨어진 세리의 마음을 가지고 있는가?"

하나님이 주신 최고의 백신

2020년 7월 14일 미국 달라스(Dallas) 'KTN(Korea Town News: 코리아 타운 뉴스) 신문사'와 인터뷰를 하게 되었다. 2020년 3월 23일에 출간된 책(네가 나의 영광을 짓밟았다, 규장)에 나오는 삶의 고백들과 이스라엘 선교사로 지내며 사역을 한 여러 가지 이야기들을 나누게 되었다. 인터뷰를 진행할 당시에는 코로나바이러스가 급속히 확산이 되어 모두가 힘겨운 싸움을 할 때였다. 한 시간 남짓 인터뷰를 한 것으로 기억을 하는데, 신문사 기자분의 마지막 질문이 다음과 같았다.

"코로나바이러스로 힘든 요즘 상황에서 우리 그리스도인들이 붙들어야 할 메시지가 있다면 무엇인가요?"

그 질문에 대한 대답을 한 뒤에 다시 없을 기회인 것 같아, 추가적으로 한국 교회와 디아스포라 한인 교회 지도자분들, 그리고 선교사들께 꼭 드리고 싶은 말씀이 있다고 하면서 나눈 내용이 있었다. 그것은 '회개'와 '거룩한 삶'의 회복에 대한 내용이며 우리 자신에게 던진 질문이었다.

"하나님을 위한다고 하면서 결국 하나님의 영광을 가로채고, 내가 왕의 자리에 앉아서 그분의 명예를 더럽히지는 않았는가?"

"하나님을 위해 일을 한다고 하였지만, 세상 사람들의 기준에 못 미칠 정도로 도덕적으로, 윤리적으로 부정을 저지르고도 아무 일도 없었던 것처럼 감추며 살고 있지는 않았는가?"

"하나님의 이름을 이용하여 나의 이익을 교묘히 취하고 있지는 않았는가?"

나는 예수님이 서기관들과 바리새인들의 이중성과 그들의 종교적 가면과 위선을 비판하시는 마태복음 23장에 나오는 사건은 나와 무관한 일이며 동떨어진 사건이라 생각을 한 적이 있었다. 그러나 우리의 진짜 모습은 우리가 그토록 비난하고 싫어하는 바리새인들과 서기관들의 모습들이 아니던가! 모세의 자리에 앉고 싶고 그 자리에 앉아서 무거운 짐을 묶어 사람의 어깨에 지우려고 하는 종교적인 열심과 기득권 의식, 잔치의 윗자리와 회당의 높은 자리 그리고 시장에서 문안받고 사람에게 '랍비'(주: 선생님)라 칭함받는 것을 좋아하지 않았던가?

그래서 교회 안에도 수많은 '호칭'들이 있고, '자리'와 '명예' 그리고 '감투' 싸움이 있다는 사실을 우리는 알고 있다. 지도자라 칭함을 받지 말라고 하셨으나, 우리는 또 다른 이름으로 '리더' 혹은 '지도자'라는 칭함을 많이 받으려고 하고 있다.

"또한 지도자라 칭함을 받지 말라. 너희의 지도자는 한 분이시니 곧 그리스도시니라" (마23:10)

"이제는 섬기는 것 보다 섬김을 받는 것에 익숙해져서 영적 감각이 둔감할 때가 많다는 사실도 알고 있지 않은가?"

서기관들과 바리새인들의 '외식함(주: 자신의 실체를 감추는 영적 가면을 쓴 모습)'에 대해 주님은 참으로 무서울 만큼 저주와 심판을 선고하신다. 이 말씀을 읽을 때마다 눈을 감고 싶고, 마태복음 24장으로 건너뛰고 싶은 충동을 느낄 때가 있다. 그 이유는 이들의 문제가 아니라, 오늘 우리 한국 교회의 지도자들과 사역자들의 모습이기도 하기 때문이다. 속에는 온통 '탐욕'과 '방탕'과 온갖 '더러운 것'이 가득함에도 불구하고, 아무런 문제가 없는 것처럼 종교적인 활동과 외식함으로 우리의 진짜 모습을 감추며 살고 있기 때문이다. 겉모습에 모든 시간과 열정을 쏟고 있는 종교적 '이중성의 가면'을 어찌해야 하는가?

"화 있을진저 외식하는 서기관들과 바리새인들이여 잔과 대접의 겉은 깨끗이 하되 그 안에는 탐욕과 방탕으로 가득하게 하는도다. 눈 먼 바리새인이여 너는 먼저 안을 깨끗이 하라 그리하면 겉도 깨끗하리라. 화 있을진저 외식하는 서기관들과 바리새인들이여 회칠한 무덤 같으니 겉으로는 아름답게 보이나 그 안에는 죽은 사람의 뼈와 모든 더러운 것이 가득하도다. 이와 같이 너희도 겉으로는 사람에게 옳게 보이되 안으로는 외식과 불법이 가득하도다"
(마23:25-28)

"우리가 이들의 모습과 다르다고 할 수 있을까?"

"우리 안에 부정과 부패 그리고 온갖 더러운 것들이 가득하다는 것을 부인할 수 있을까?"

"우리 안에 영적 타락과 음란과 온갖 성적인 미혹에 넘어가 영적 순결을 잃어 버린 채 살고 있다는 사실을 부정할 수 있을까?"

"교회가 겉으로는 요란하지만, 속으로는 온갖 불법과 편법과 속임과 거짓말로 나의 영광을 위해 거침없이 사용하고 있다는 것을 부인할 수 있을까?"

주님을 처음 만나 변화를 받고, 회심을 통해 삶의 소망을 영원한 하늘에 두었다. 다시 오실 주님을 위해 평생 올곧게 좁은 길을 걸어가리라 눈물을 흘리며 두 손 들고 찬양하고 헌신한 적이 있었다. 이제는 아련한 신앙적 추억 거리로 전락해 버린 요즘 우리를 다시 살게 하는 백신은 '회개'와 '거룩'이라 믿는다. 하늘로부터 급하고 강한 바람처럼 우리의 삶을 송두리째 뒤흔드는 회개의 영과 거룩의 영을 우리 모두에게 부어 주시길 기도한다.

"오순절 날이 이미 이르매 그들이 다같이 한 곳에 모였더니 홀연히 하늘로부터 급하고 강한 바람 같은 소리가 있어 그들이 앉은 온 집에 가득하며 마치 불의 혀처럼 갈라지는 것들이 그들에게 보여 각 사람 위에 하나씩 임하여 있더니 그들이 다 성령의 충만함을 받고 성령이 말하게 하심을 따라 다른 언어들로 말하기를 시작하니라" (행2:1-4)

"성령 하나님! 급하고 강한 바람처럼 우리에게 임하소서!"

"성령 하나님! 메마르고 완악한 우리 심령에 회개와 거룩의 영을 부으소서!"

"성령 하나님! 불의 혀처럼 이 민족의 죄악을 불태우소서!"

"성령 하나님! 피로 값주고 사신 당신의 교회를 살려 주소서!"

아멘.

코로나와 하나님의 선교전략

　　코로나 사태로 인해 한국에는 많은 선교사님들이 들어와 계신다. 선교지에 나가기 위해 모든 훈련을 마치고 출국 준비를 하고 계시던 예비 선교사님 가정들도 계시고, 현지의 상황이 너무 좋지 않아서 잠시 한국에 들어와 계시는 분들도 있으시다. 주변에 계신 여러 선교사님들과 교제하면서 알게 된 사실은 상당수의 많은 선교사님들이 머물 곳을 찾지 못해 '선교관' '안식관' 혹은 '게스트룸'에 머물며 지내신다고 하신다.

　　혹자는 가족들에게 신세를 지기도 하지만 어디 마음 편하게 지내기에는 여러모로 한계가 있지 않을까. 선교지에 '뼈'를 묻고 평생 거기에 '올인'하며 주님 나라 임하기를 기대하며 살았던 선교사들에게 코로나바이러스 사태는 우리들의 마음을 당혹스럽게 하였다. C국에서 15년 가까이 사역을 하시다가 잠시 한국에 머물며 다른 나라로 가기 위해 준비하고 계신 한 분의 선교사님과 교제할 시간이 있었다. 선교사는 선교지에 나가야 마음이 편하고, 뭔가 할 일을 하는 것 같은데, 한국에 너무 오래 있는 것 같아 마음이 무겁다고 하신다. 처음에는 사람들 눈치도 보이고, 교회를 방문하는 것도 쉽지 않아 힘든 시간이 있었다고 하신다.

코로나 사태로 인해 교회가 가장 먼저 하는 일이 두 가지가 있었다고 한다.

첫째, 부교역자들의 사례비를 줄이는 것.

둘째, 선교사들의 후원비를 중단하는 것.

나는 이 두 가지가 사실이 아니길 바랐지만, 현실은 그렇게 흘러가고 있다. 우리가 그동안 고백했던 수 많은 외침들, 신앙적 고백들 그리고 헌신들과 눈물들은 다 어디로 갔는가?

'나는 전능하사 천지를 만드신 하나님 아버지를 내가 믿사오며'라는 사도신경의 고백이 참으로 무색하기만 하다. 코로나로 인해 교회 재정이 어려우면 선교사 후원부터 먼저 끊는 한국 교회의 모습을 보며 마음이 아프다. 전 세계에서 가장 선교를 많이 하고, 대형 교회들이 많으며, 선교사 파송 세계 1위라는 타이틀이 참으로 무색하게 느껴진다.

1997년 12월 대한민국이 국가 부도 위기를 맞아 '구제 금융 신청'을 하게 되었다. 그때 얼마나 많은 사람들이 삶의 소망을 잃고 자살을 시도하며 가정과 기업과 생업에 큰 타격을 주었는가. 그때 집사님 한 분에게 이런 질문을 드렸더니 다음과 같은 대답을 듣게 되었다.

요나: "집사님! IMF로 다들 힘들어하는데, 요즘 힘들지 않으세요?"

집사님: "아니요! IMF 오기 전에 IMF가 있는 것처럼 살아서 힘들지 않습니다!"

요나: "집사님! 코로나로 다들 힘들어하는데, 요즘 많이 힘드시죠?"

집사님: "아니요! 코로나 오기 전에 코로나바이러스가 있는 것처럼 살아서 힘들지 않습니다!"

지금 이렇게 힘들어하면 다음에 더 크고 무서운 바이러스가 출현할 때 그때는 어떻게 하려는가?

"만일 네가 보행자와 함께 달려도 피곤하면 어찌 능히 말과 경주하겠느냐. 네가 평안한 땅에서는 무사하려니와 요단 강물이 넘칠 때에는 어찌하겠느냐"
(렘12:5)

코로나 시대에 '선교 전략'이 필요하다고 여기 저기서 이야기가 나오고 있다.

"어떻게 선교를 해야 할 것인가?"

"코로나 시대에 비대면으로 복음을 어떻게 전할 것인가?"

"지금 상황에서 가장 효과적인 대안은 무엇인가?"에 대해 지혜를 모으고 토론하며 대책을 강구하는 것이 필요하다고 생각하지만, 마음에 동의는 되지 않는다. 왜냐하면, 선교 역사 수 세기 동안 토론하고, 나누고, 공유하고 대책을 수립해 왔던 선교 전략으로는 부족할까? 지금 우리는 선교 전략이 필요한 것이 아니라, 진짜 선교를 해야 할 나의 강퍅하고 높아진 마음을 찢는 '애통함'이 우리에게 필요하지 않을까?

"애통하는 자들이여! 다 어디로 갔는가?"

우리는 코로나에 걸리지 않기 위해 마스크를 쓰고, 사회적 거리 두기를 한다. 그러나 "영혼의 질병과 타락에 빠지지 않기 위해 구원의 감격과 처음 사랑이 식어진 나의 영적 상태에 대해서는 왜 감각이 없는가?"

"주님 앞에 섰을 때 얼마나 무섭고 두려운 책망을 들으려고 하는가?"

코로나 시대 최고의 선교 전략은 '애통하는 것'이라 믿는다. 왜냐하면, 선교를 가로 막는 장애물이 바로 '선교사' '목회자' 그리고 교회를 섬긴다고 하는 '사역자들'이기 때문이다.

코로나 시대에 또 다른 선교 전략이 필요한 것이 아니라, 음란하고 패역한 이 세대와 무너진가정과 교회의 모습을 보며 우리 가슴을 찢고, 애통하며 눈물을 흘리는 하나님의 사람들이 일어나기를 간절히 기도한다.

"여호와의 말씀에 너희는 이제라도 금식하고 울며 애통하고 마음을 다하여 내게로 돌아오라 하셨나니, 너희는 옷을 찢지 말고 마음을 찢고 너희 하나님 여호와께로 돌아올지어다. 그는 은혜로우시며 자비로우시며 노하기를 더디하시며 인애가 크시사 뜻을 돌이켜 재앙을 내리지 아니하시나니" (요엘2:12-13)

역전의
소리

영화 '300'과 이란(Iran)

성경에 나오는 이야기 중에 가장 놀라운 반전이 있는 성경은 바로 '에스더 (Ester)서' 라고 할 수 있다. 왜냐하면, 에스더서에는 '하나님' 혹은 '주님'이라는 단어가 단 한 번도 등장하지 않지만, 보이지 않는 하나님의 놀라운 반전과 역 전의 드라마가 쓰여 있는 책이기 때문이다. 에스더서를 읽을 때마다 내 안에 두 가지 소원이 있었다. 첫째는, 에스더서의 배경이 되는 '페르시아 제국(주: 이 란)'을 방문해 보는 것이고 둘째는, 에스더의 남편인 '아하수에로(헬라식 표현: 크 세르크세스)' 왕을 한번 만나 보는 것이었다. 그런데 이 두 가지 소원이 이루어졌 는데, 에스더의 남편이 영화 '300'에 나온 것이다. 2006년 잭 스나이더 감독이 만든 영화 300은 그리스의 스파르타 300 용사와 페르시아 대군 사이에 있었 던 전쟁을 영화로 만든 것인데, 그 영화에 에스더의 남편 아하수에로 왕이 등 장을 한다.

물론 영화적인 요소들과 부풀려진 픽션이 가미되었지만, 그 당시 '페르시 아 제국(주: 이란)'이 얼마나 강력한 제국이었는지 잠시 느끼게 해 준 영화였다. 영화를 보는 내내 '저 사람이 에스더의 남편이구나'라는 영화적인 생각과 함 께 에스더서의 배경이 되는 페르시아 땅에서 일하셨던 하나님의 열심을 보게 되면서 언젠가 페르시아 지역을 꼭 한 번 순례해 보고 싶은 강렬한 소망을 품고 기도하게 되었다. 2017년 10월 드디어 '이란(Iran)'을 방문하게 되었다. 에스더의 배경이 되는 이란(Iran) 땅을 밟으면서 느꼈던 감동과 전율은 잊을 수가 없었다. 그렇게 넓은 땅과 고대 페르시아 유적들 그리고 성경 역사와 관련된 여러 장소들 (페르세폴리스, 고레스왕의 무덤, 다니엘 무덤, 에스더와 모르드개의 무덤, 수산 궁터 등)을 거닐 때는 에스더 시대로 잠시 돌아온 것 같은 느낌이 들 정도였다.

부질없는 '왕의 자리'

에스더 1장의 시작은 아하수에로 왕 때에 일어난 일이라고 한다. 이 왕이 얼마나 대단한 왕인지 그가 다스린 지역이 '인도'에서부터 '구스(주: 오늘날 이디오피아)' 까지의 127개 지방을 다스릴 정도의 막강한 권력을 가졌으며 땅의 크기로 계산하면 어마어마한 왕이었다. 그가 왕위에 있은 지 제 3년에 그의 모든 지방관과 신하들을 위하여 잔치를 베푸는데, 그 기간이 180일 즉 6개월을 잔치한다.

"왕이 여러 날 곧 백팔십 일 동안에 그의 영화로운 나라의 부함과 위엄의 혁혁함을 나타내니라" (에1:4)

돈이 제아무리 많이 있는 사람도 6개월간 잔치를 할 정도의 재력과 부함과 권력의 위엄을 과시할 사람이 있을까? 그리고 그가 차지한 땅의 크기가 인도에서부터 이디오피아 까지의 땅이라면 그가 세상의 왕이 아니면 누가 왕이겠는가! 6개월의 기간이 끝난 뒤에 잔치를 멈추었으면 좋았겠지만, 그는 도성 '수산'에 있는 귀천간의 백성을 자신의 왕궁 후원 뜰에서 7일간 잔치를 베푼다. 정원에는 백색, 녹색, 청색 휘장을 자색 가는 베 줄로 대리석 기둥 은고리에 매고 금과 은으로 만든 걸상을 화반석, 백석, 운모석, 흑석을 깐 땅에 놓았고, 술잔은 모두 금잔이었는데, 모두 모양이 달랐다.

"누가 이렇게 잔치를 베풀 수 있으며 누가 이런 곳에 살 수 있는가?"

그런데 우리 모두는 이러한 것을 보고 누리고 살고 싶어하는 사람들이 아니겠는가! 우리도 상황이 맞고, 조건만 맞으면 아하수에로 왕처럼 살고 싶어한다. 그리고 우리가 지향하고 추구하는것이 바로 이 땅에서의 풍성함이 아니고 무엇이랴. 아하수에로 왕의 부인이었던 왕후 '와스디'도 아하수에로 왕궁에서 여인들을 위하여 잔치를 베푸는데, 제7일에 왕이 주흥(주: 술을 마시고 좋아진 감정)이 일어나 어전 내시를 불러 왕후의 아름다움을 모든 사람들에게 보여 주고 싶어서 왕후를 부른다. 7일이면 왕궁 안뜰에서 진행한 잔치의 마지막 날이다. 그러나 왕후 와스디는 왕명을 따르기 싫어하고, 왕은 진노한다. 이 사건으로 인해 왕후 와스디는 폐위가 되고, 새로운 왕후를 선발하게 된다 (에2:1-4).

하나님은 하나님의 백성들을 위해 이방 땅인 페르시아 제국 안에서도 변함없이 당신의 열심으로 놀라운 일을 행하시는 분이심을 드러내고 계신다.

"지금 아하수에로 왕은 어디 있는가?"

"그가 누린 권력과 음식들과 노랫말 소리와 건물과 위대한 왕궁의 아름다움은 어디 있는가?"

"그가 잔치를 베풀고 수많은 영토를 차지한 흔적들은 어디에 있는가?"

"그들이 먹고 마셨던 자리와 금으로 만든 어주들과 잔들은 어디에 파묻혔는가?"

모든 것은 사라졌고, 흔적도 없다. 다만, 그들의 무덤과 바람 소리만 들려온다.

"이는 세상에 있는 모든 것이 육신의 정욕과 안목의 정욕과 이생의 자랑이니다 아버지께로부터 온 것이 아니요 세상으로부터 온 것이라. 이 세상도, 그 정욕도 지나가되 오직 하나님의 뜻을 행하는 자는 영원히 거하느니라"

(요일2:16-17)

진짜가 나타났다!

에스더 2장 5-7절을 보면, 도성 수산에 한 '유대인' 있는데, 이름은 '모르드 개'이다. 바벨론의 왕 '느부갓네살'이 포로로 유대인을 데리고 올 때 잡혀 온 사람이었는데, 함께 잡혀온 모르드개의 삼촌의 딸 '하닷사' 즉 '에스더'를 모르드개가 자신의 딸처럼 양육하게 된다. 왕후를 새롭게 선발하는 왕의 조서가 반포되자 에스더도 처녀로서 도성 수산에 모여서 왕궁으로 이끌려 나가게 되는데, 궁녀를 주관하는 헤개의 수하에 속하게 된다. 그런데 궁녀를 주관하는 '헤개'가 에스더를 좋게 보고 은혜를 베풀고 있다는 사실이다.

"왜 처음 본 에스더에게 은혜를 베풀고 좋게 보는가?" (에2:9)

"왜 에스더에게 필요한 물품과 일용품 그리고 일곱 궁녀를 주며 후궁 아름다운 처소로 옮기는가?" (에2:9)

"헤개가 이 처녀를 좋게 보고 은혜를 베풀어 몸을 정결하게 할 물품과 일용품을 곧 주며 또 왕궁에서 으레 주는 일곱 궁녀를 주고 에스더와 그 궁녀들을 후궁 아름다운 처소로 옮기더라" (에2:9)

"사람의 마음을 움직이시는 분은 누구인가?"

처녀마다 왕 앞에 나아가기 위해 12개월 동안 몸을 정결하게 하였다. 6개월은 몰약 기름을 쓰고, 6개월은 향품과 다른 물품을 써서 정결하게 하는 기간을 가지는데 마치고 나면 왕에게 나아가서 밤에 들어갔다가, 아침에 다시 나오는데 왕이 그를 기뻐하면 다시 부르고 기뻐하지 않으면 다시 왕에게 나아가지 못하였다. 그 처녀들은 이 세상의 왕에게 나아가는 것조차도 두렵고 떨림으로 썩어지는 몸을 위해 12개월 동안 준비를 했다. 하물며 영원한 왕이신 하나님께 나아가기 위해 어떻게 나의 영혼을 정결케 하며, 내 입술의 모든 말과 마음의 묵상이 주님께 열납되도록 해야 할지 돌아보아야 하지 않을까.

에스더는 다른 처녀들과 달리 정한 것 외에는 다른 것을 구하지 않았다고 한다. 그런데 모든 보는 자에게 사랑을 받았다.

"모르드개의 삼촌 아비하일의 딸 곧 모르드개가 자기의 딸 같이 양육하는 에스더가 차례대로 왕에게 나아갈 때에 궁녀를 주관하는 내시 헤개가 정한 것 외에는 다른 것을 구하지 아니하였으나 모든 보는 자에게 사랑을 받더라" (에2:15)

"어떻게 이러한 일이 가능한가?"

모든 보는 자에게 사랑을 입는 것은 크나큰 선물이다. 아하수에로 왕의 제 7년 10월 곧 '데벳월'에 에스더가 왕에게 나아갔다고 기록을 한다. 즉 왕후 와스디가 폐위된 지 4년 뒤에 왕궁으로 인도되어 왕 앞에 나아간 것이다. 여기서 참으로 놀라운 반전이 등장한다! 하나님께서 아하수에로 왕의 마음을 흔들어 놓으셨다는 것이다. 첫째, 왕이 모든 여자보다 에스더를 더 사랑하였고 둘째, 그가 모든 처녀보다 왕 앞에 더 은총을 얻었고 셋째, 왕이 그의 머리에 왕관을 씌우고 와스디 대신에 왕후를 삼았다는 것이다.

"아하수에로 왕의 제칠년 시월 곧 데벳월에 에스더가 왕궁에 인도되어 들어가서 왕 앞에 나가니 왕이 모든 여자보다 에스더를 더 사랑하므로 그가 모든 처녀보다 왕 앞에 더 은총을 얻은지라. 왕이 그의 머리에 관을 씌우고 와스디를 대신하여 왕후로 삼은 후에" (에2:16-17)

"왕의 마음을 움직이시는 분은 누구인가?"

모르드개는 이 상황에서 중요한 일을 접하게 된다. 왕의 내시 '빅단'과 '데레스' 두 사람이 원한을 품고 왕을 암살하려는 음모를 알고, 그 사실을 에스더에게 알리고, 에스더는 왕에게 알려서 실증을 얻어, 두 사람을 나무에 달고, 궁중 일기에 기록을 하게 한다 (에2:21-23).

"모르드개가 대궐 문에 앉아서 왕을 암살하려는 음모를 듣게 된 것은 우연일까?"

"아니면 하나님의 어떤 포석이 있었던 사건인가?"

이 일은 나중에 유대 민족의 풍전등화와 같은 상황 속에서 '역전의 드라마'를 쓰는 놀라운 '반전 카드'로 작용을 한다. 그냥 듣게 하시고, 알리게 한 것이 아니다. 그때 당시에 모르드개는 이 사실이 나중에 자신의 민족을 구하는 놀라운 반전 카드가 될 것이라고는 생각지도 못했을 것이고, 어떠한 상을 바라거나 하지도 않았을 것이다. 하나님은 그 상황을 보게 하셨고, 듣게 하셨고, 나중에 하실 일을 미리 예비하신 분이다. 왕의 마음을 움직이시는 분, 에스더가 다른 사람들에게 사랑을 받고, 존귀히 여김을 받고, 왕 앞에 은총을 입은 것은 순전히 하나님의 역사하심이고 그분의 열심이다. 에스더의 어떠함이나 모르드개의 대단함이 아닌 '하나님의 일하심'을 오늘도 보게 하신다.

복수는 나의 것

그 후에 아하수에로 왕이 아각 사람 함므다다의 아들, 즉 '아말렉 후손'인 '하만'이라는 사람의 지위를 높이 올리게 되고, 모든 신하들이 왕의 명령대로 무릎을 꿇어 절하고 엎드리는데 모르드개는 하만에게 꿇어 절하지도 않을뿐더러 자신의 정체성인 '유대인'임을 알린다. 이 사건으로 인해 하만은 무척이나 분노하게 되고, 모르드개만 죽이는 것으로 만족하지 않고, 아하수에로의 온 나라에 있는 '모든 유대인 즉 모르드개의 민족'을 멸하기로 작정하게 된다.

"그들이 모르드개의 민족을 하만에게 알리므로 하만이 모르드개만 죽이는 것이 부족하다고 생각하고 아하수에로의 온 나라에 있는 유다인 곧 모르드개의 민족을 다 멸하고자 하더라"(에3:6)

아각 사람 하만은 에서의 후손이며, 그 뿌리가 아말렉 자손이다. 하만은 모든 유대인들을 죽이기 위해 '제비'를 뽑게 되는데, 아하수에로 왕 제 12년 첫째 달 곧 '니산월'에 무리가 하만 앞에서 '날'과 '달'에 대해서 제비을 뽑았는데, 열두째 달 곧 '아달월'을 얻게 되었다 (에3:7). 에스더가 왕후가 된 지 6년 정도 되었을 때 이러한 사건이 발생을 한 것이다.

에스더서를 읽을 때 정말 중요한 것이 바로 '달력 계산'이다. 여기서 등장하는 니산월은 유대력으로 '첫째 달'이다. 그런데 제비를 뽑아서(주: 히브리어로 '푸르', 여기서 유래한 것이 부림절이다) 유대인을 죽이려고 하는 날이 12개월 뒤인 '열두째 달' 곧 '아달월'을 얻게 된 것이다. 니산월은 유대력으로 1월이고, 아달월은 유대력으로 12월이다. 다시 말하면, 하만이 유대인들을 언제 죽여야 할지 제비를 '첫째 달(1월)'에 뽑았는데, '열두째 달(12월)'이 나온 것이다!

"할·렐·루·야!"

나는 이 부분을 묵상할 때마다 놀라운 '하나님의 일하심'을 보게 된다.

"하만의 계략을 무효화 시키시는 하나님의 손이 보이는가?"

"유대인들을 죽이려고 1월에 제비를 뽑았는데, 그다음 달이 나왔다면 얼마나 시간이 촉박했겠는가?"

"하만은 유대인들을 죽이려고 계략을 세웠으나, 승리는 항상 하나님께 있다!"

왜냐하면, 모든 일의 작정은 '하나님'께 있기 때문이다!

"제비는 사람이 뽑으나 모든 일을 작정하기는 여호와께 있느니라" (잠16:33)

하만은 왕을 찾아가 왕의 이름으로 그들을 진멸하라고 충동질을 한다. 또한, 그가 가진 재산은 일만 달란트를 왕의 일을 맡은 자의 손에 맡겨 왕의 금고에 주겠다고 한다 (에3:9).

아하수에로 왕은 분명 하만의 이러한 충정을 높이 평가했을 것이다. 자신의 영토와 나라의 법을 우선시하고, 왕의 유익을 구하고자 하는 하만의 충성심, 또한 자신의 재산마저 기부하겠다고 한 그의 말은 진정성 있게 느껴졌을 것이다. 이러한 하만에게 왕은 자신의 인장 반지를 빼내어 하만에게 주고, 자신이 하고 싶은 대로 하라고 허락을 하였다.

"그렇다!"

이제 하만은 절대 권력의 날개를 달았다.

"왕이 반지를 손에서 빼어 유다인의 대적 곧 아각 사람 함므다다의 아들 하만에게 주며 이르되 그 은을 네게 주고 그 백성도 그리하노니 너의 소견에 좋을 대로 행하라 하더라" (에3:10-11)

"누가 하만의 폭주에 제동을 걸 수 있는가?"

"누가 하만의 소견에 좋을 대로 행하는 것을 막을 수 있겠는가?"

"권력과 부와 존귀함과 왕의 은총을 입은 하만이 유대인을 진멸하겠다는데 누가 막는가?"

이미 하만이 승리한 것 같지만, '진짜 전쟁'은 이제부터다!
왜냐하면, 하나님께서 '끝났다'라고 말씀을 하셔야 '끝이 나기 때문이다!'

에스더는 민족의 영웅이 아니다

왕의 조서에는 모든 유대인들 늙은이, 젊은이, 어린이, 여인들을 막론하고 죽이고, 도륙하고, 진멸하고 또 그 재산을 탈취하라는 명령이 담겨 있었다.

"이에 그 조서를 역졸에게 맡겨 왕의 각 지방에 보내니 열두째 달 곧 아달월 십삼일 하루 동안에 모든 유다인을 젊은이 늙은이 어린이 여인들을 막론하고 죽이고 도륙하고 진멸하고 또 그 재산을 탈취하라 하였고" (에3:13)

문제는 모든 유대인들을 죽이고, 진멸하라는 조서를 내린 뒤에 왕은 하만과 같이 술을 마시고 있었다. 수산 성은 어지럽고 분주하였지만, 그들은 왕궁에서 술잔을 기울였다. 이것이 우리 인간의 모습이 아니던가! 밖에서는 옷을 찢고, 굵은 베 옷을 입고, 재를 뒤집어쓰고 성중에 나가서 대성통곡하지만, 안에서는 술잔을 나누는 모습은 가히 대조적이다.

"어떻게 한 민족을 그것도 어린아이나 어른이나 할 것 없이 모조리 죽이고, 도륙하고, 진멸하는 날짜를 잡을 수 있을까?"

"이것이 제 2의 '홀로코스트 유대인 대학살 사건'이 아니면 무엇인가?"

"이것이 '사단의 궤계'가 아니면 무엇인가?"

"어떻게 인간으로서 이러한 일을 할 수 있을까?"

이러한 상황 속에서 우리는 에스더가 '죽으면 죽으리로다'라는 신앙으로 자신의 민족을 구한 위대한 영웅으로 생각을 한다. 그러나 처음부터 에스더가 '죽으면 죽으리로다'라고 하지 않았다는 사실을 기억하라. 에스더는 자신의 민족이 진멸된다는 소식을 듣고 난 이후 보인 반응은 '죽으면 죽으리로다'가 아니라 '부름을 받지 않고 왕께 나가면 죽습니다!'였다.

"왕의 신하들과 왕의 각 지방 백성이 다 알거니와 남녀를 막론하고 부름을 받지 아니하고 안뜰에 들어가서 왕에게 나가면 오직 죽이는 법이요 왕이 그 자에게 금 규를 내밀어야 살 것이라. 이제 내가 부름을 입어 왕에게 나가지 못한 지가 이미 삼십 일이라 하라 하니라" (에4:11)

그건 왕의 신하들과 왕의 각 지방 백성이 남녀를 무론 하고 왕의 부름이 없이 안뜰에 들어가서 왕에게 나아가면 '오직 죽이는 법'이라고 한다. 그러면서 자신이 왕의 부름을 받지 못한 지가 이미 삼십 일인 것을 이야기하였다. 처음부터 에스더는 죽으면 죽겠다고 한 것이 아니다. 자신의 민족과 백성이 다 죽게 되었다는 이야기에 그녀는 자신도 죽을 수 있는 형편과 처지를 언급한 것이다.

"누가 에스더는 민족을 구한 여인이라고 하는가?"

"누가 에스더는 믿음의 여인이라고 하는가?"

"누가 에스더에게 믿음을 주시고, 그 민족을 사랑하셔서 구원하셨는가?"

"누가 에스더서의 주인공이신가?"

만일 내가 에스더의 입장이었다면 나 또한 그렇게 이야기했을 것이다. 내가 왕의 부름을 받지 못한지가 삼십 일이라고 분명 그렇게 이야기했을 것이다. 아니면 홀로 살아남기 위해서 잠잠히 있었을지도 모른다.

"에스더가 영웅이 아니라, 하나님이 영웅이시다!"

"하나님만 구원자시고, 역전케 하시고 모든 상황과 환경을 변화시킬 수 있는 분이시다!"

"하나님은 에스더라는 한 사람을 통해서 하나님의 일을 하시는 것뿐이다!"

어제나 오늘이나 영원토록 변함이 없으신 하나님은 코로나 시대에서도 하나님의 사람들을 통해 '역전'하시는 분이다.

에스더의 전략

에스더는 모르드개에게 금식을 부탁하고 자신을 위해서 기도해 달라고 한다. 모르드개는 수산에 살고 있는 모든 유대인들을 다 모아서 에스더를 위해 금식하며, 밤낮 삼일 동안 아무것도 먹지 않고, 마시지도 않고 기도를 하였다. 에스더 또한 시녀와 함께 금식하면서 규례를 어기고 왕에게 나아가겠다고 한다. 만일 왕이 죽일 것이면 내가 죽겠다고 한 것이다. 금식을 한 제 삼일에 에스더는 왕후의 예복을 입고 왕궁 안 뜰 곧 어전 맞은편에 서게 되었는데 놀라운 것은 에스더의 얼굴이 매우 사랑스러워 보였다는 것이다.

"왕후 에스더가 뜰에 선 것을 본즉 매우 사랑스러우므로 손에 잡았던 금 규를 그에게 내미니 에스더가 가까이 가서 금 규 끝을 만진지라" (에5:2)

"삼 일간 물도 마시지 않고 음식도 먹지 않은 얼굴이 '매우' 사랑스러워 보일 수 있었을까?"

에스더가 규례를 어기고 왕에게 나갔을 때 왕은 '에스더가 매우 사랑스러웠다'고 한다. 손에 잡았던 금 규를 그에게 내밀어 에스더는 살게 되는데, 중요한 것은 왕이 에스더의 소원을 물으며 그 어떤 요구를 하더라도 들어주겠다고 한다.

"왕이 이르되 왕후 에스더여 그대의 소원이 무엇이며 요구가 무엇이냐 나라의 절반이라도 그대에게 주겠노라 하니"(에5:3)

"도대체 누가 왕의 마음을 이렇게 바꾸어 놓았는가?"

"누가 왕의 마음을 이렇게 움직이고 있는가?"

그런데 참 아이러니하게도 에스더는 자신의 민족을 살려 달라고 처음부터 이야기하지 않는다.

"왜 그랬을까?"

"좋은 기회이지 않은가!" 왕이 무슨 요구든지 다 시행하겠다고 했고, '나라의 절반'이라도 주겠다고 했는데, 내가 만일 에스더의 입장이었다면 나의 '요구사항'을 이야기했을 것이다. 그런데 에스더는 성급히 자신의 소원을 말하지 않고 지혜롭게 다음과 같이 말한다.

"에스더가 이르되 오늘 내가 왕을 위하여 잔치를 베풀었사오니 왕이 좋게 여기시거든 하만과 함께 오소서 하니"(에5:4)

그것은 자신이 준비한 잔치에 왕과 하만을 초청한 것이다. 만일 에스더가 그 자리에서 자신의 신분을 밝히고 자신의 민족 유대인들을 구해 달라고 요청했다면, 하만은 분명 에스더조차 폐위를 시켜야 한다고 주장했을 것이다. 왜냐하면, 그 조서는 왕이 내린 조서요, 명령이었기 때문에 바꿀 수 없다는 것을 하만은 역이용했을 것이다. 에스더는 왕과 하만을 불러 잔치에 초대하고, 잔치의 술을 마실 때에 왕은 다시 한번 에스더의 요구가 무엇이든지 시행하겠다고 하지만, 에스더는 천금 같은 기회를 참으로 지혜롭게 사용을 한다. 내일 다시 한번 잔치에 나오라고, 왕과 하만 두 사람을 초대한 것이다.

"내가 만일 왕의 목전에서 은혜를 입었고 왕이 내 소청을 허락하시며 내 요구를 시행하시기를 좋게 여기시면 내가 왕과 하만을 위하여 베푸는 잔치에 또 오소서. 내일은 왕의 말씀대로 하리이다 하니라" (에5:8)

에스더는 자신의 요구 사항을 처음부터 말할 수 있었지만 말하지 않고 왕과 하만을 다시 잔치 자리에 초청을 한다. 정말 왕의 마음을 알아보고자 했던 에스더의 '전략'이 돋보인다. 분명 에스더는 '지혜로운 여인'이다. 잔치 자리에서 쉽게 자신의 요구를 이야기했다면 하만의 '역모'와 '정치적 프레임'에 걸려 에스더 자신도 폐위가 되거나 죽임을 당할 수 있는 여지가 있었기 때문이다. 서열 두 번째인 왕의 남자 하만은 여전히 자신에게 무릎을 꿇지 않고 몸을 움직이지 않는 모르드개를 보고 매우 분노하면서 오십 규빗 되는 나무를 세운다 (에5:14). 1 규빗은 손가락 중지에서부터 팔꿈치까지의 길이를 말하는데, 1 규빗은 약 46cm이므로 오십 규빗은 대략 23미터가 된다. 참으로 유대인을 진멸하려는 아말렉 후손답게 행동을 하고 있다. 지금까지 보면 '하만의 승리'가 보인다. 아니 하만이 승리한 것 같다!

역전의 용사

참으로 아이러니하다. 내일이면 하만은 모르드개를 나무에 달아 죽이려고 하는 순간에 왕은 잠이 오지 않고, 역대 일기를 가져다가 자기 앞에서 읽히라고 한다.

"그 날 밤에 왕이 잠이 오지 아니하므로 명령하여 역대 일기를 가져다가 자기 앞에서 읽히더니" (에6:1)

"왜 왕은 잠이 오지 않았을까?"

"왜 왕은 역대 일기를 자기 앞에서 읽히도록 했을까?"

잠이 오지 않으면 다른 일을 할 수도 있었지만, 그는 역대 일기를 읽게 하였고, 그 내용 중에 자신을 암살하려고 했던 자들의 이야기를 듣게 된 것이다. 더 놀라운 사실은 그 암살의 음모를 고발한 사람이 아이러니하게도 하만이 그토록 죽이고 싶어 했던 유대인 '모르드개'라는 사실이었다.

"우연이 일어난 일인가?"

자신의 생명을 구한 모르드개에게 아무런 관작이나 존귀를 베풀지 않았다는 이야기를 들은 왕은 마침 뜰에 와 있는 하만에게 왕이 존귀하게 하고 싶은 사람에게는 어떻게 처우를 해야 하는지 묻게 된다 (에6:4-6).

"왜 하만은 마침 그 날 밤에 왕궁 바깥뜰에 이르렀을까?"

"누가 하만의 마음과 발걸음을 재촉해서 그 시간에 서 있게 되었을까?"

"왕은 존귀케 하기를 원하는 사람을 어떻게 해야 하는가?" 물었을 때, 하만은 왕이 존귀하게 하기를 원하는 사람은 왕이 입는 '왕복'과 머리에 쓰는 '왕관'을 씌워서 가장 존귀한 자의 손에 맡겨 '왕이 타시는 말'에 태워서 성 중 거리로 다니며 반포해야 한다고 권면했다 (에6:7-9).

"왜 그렇게 이야기를 했을까?"

"왜냐하면, 왕이 존귀하게 하기를 원하는 사람은 바로 나라고 생각했기 때문이다!"(에6:6)

그러나 왕이 존귀하게 하기를 원한 사람은 하만이 아니라 바로 '모르드개'였다!

"이에 왕이 하만에게 이르되 너는 네 말대로 속히 왕복과 말을 가져다가 대궐 문에 앉은 유다 사람 모르드개에게 행하되 무릇 네가 말한 것에서 조금도

빠짐이 없이 하라” (에6:10)

　　하만은 큰 충격과 분노와 당황스러움에 어쩔 줄을 몰라하게 된다. 아마, 이때 하만이 ‘고혈압’이 생기지 않았을까 싶다 (에6:11-12). 에스더가 베푼 둘째 잔치 자리에서 에스더는 왕의 요구대로 자신의 민족이 멸절을 당하게 되었다는 사실을 알리고, 그런 일을 꾀한 자가 하만이라고 말을 하게 된다. 결국, 하만은 자신이 죽이려고 한 모르드개 대신에 자신이 설치한 나무에 달려 죽음을 맞이하게 된다.

“왕을 모신 내시 중에 하르보나가 왕에게 아뢰되 왕을 위하여 충성된 말로 고발한 모르드개를 달고자 하여 하만이 높이가 오십 규빗 되는 나무를 준비하였는데 이제 그 나무가 하만의 집에 섰나이다. 왕이 이르되 하만을 그 나무에 달라 하매 모르드개를 매달려고 한 나무에 하만을 다니 왕의 노가 그치니라” (에7:9-10)

“당신은 지금 벼랑 끝에 서 있다고 생각하는가?”

“자칭 코로나 시대에 하나님은 저 멀리 계시고, 어떠한 것도 나의 인생에 행하고 있지 않다고 믿고 있는가?”

“나의 가정, 직장, 재정 그리고 관계의 영역에 돌파구가 보이지 않는가?”

　　에스더서를 통해 유대인들이 대적에게 벗어나서 평안함을 얻어 슬픔이 변하여 ‘기쁨’이 되고, 애통이 변하여 ‘길한 날’로 바꾸셨다면, 살아계신 하나님이 지금 코로나 시대를 살아가고 있는 나의 인생도 반드시 ‘역전’하게 하시고 '반전의 드라마'를 써 내려가실 것이다. 왜냐하면, 하나님은 참으로 '역전의 용사'가 되시기 때문이다.

오늘날 레갑의 후예를 찾습니다

    선교사들은 본명보다는 예명이나 가명을 쓴다. 신분 보호도 필요하고, 서로 서로를 지켜주는 차원에서 일명 '선교사명'을 만들어 선교지에 나가는 경우가 많다. 닮고 싶은 성경의 이름 혹은 선교지에서 살고 싶은 삶의 모델이나 의미를 담아 이름을 짓곤 한다. 사람의 얼굴에는 그 사람의 인생이 그려져 있다고 한다. 다르게 표현하면 그 사람의 얼굴을 보면 그가 어떤 사람인지, 어떤 인성을 가졌는지 그리고 어떤 고난의 세월을 맞으며 지냈는지를 볼 수 있다는 뜻이다. 그래서 선교사명도 그가 살아온 인생을 대변할 때가 참으로 많은 것 같다.

    과거 우리 선조들은 아기가 태어나면 '작명(주: 이름을 짓는 것)'을 하는 것에 무척이나 신경을 많이 쓰셨다고 한다. 그것은 그 이름대로 그의 인생이 흘러가는 경우가 많기 때문이었으리라. 2011년 1월 이스라엘 선교사로 파송 받아 나가면서 나의 선교사명은 요나였는데, 아내는 그냥 한국 이름을 사용하였다. 그런데 현지에서 만난 유대인분들이 아내의 한국 이름인 '은영' 발음하는 것을 너무 힘들어하셨다. 그래서 성경에 나와 있는 여러 좋은 이름들을 생각해 보았다. 사라, 리브가, 라헬, 아비가일 그리고 드보라 등 여러 좋은 의미를 가진 이름들이 있었지만, 아내는 사사기 4장 17절에 나오는 '야엘(주: 산양, 산노

류)'이라는 이름을 선택하였다. 처음에 야엘이라는 히브리어 이름을 지었을 때 나는 그 이름의 의미나 심지어 어디에 나오는지 잘 몰랐다. 마치 어디서 듣기는 한 것 같은 이름인데 어디에 있는 말씀이지? 그래서 찾아보니 사사기 4장과 5장에 등장하는 겐사람 '헤벨의 아내'였다.

잠시 사사기 4장으로 돌아가 보자. 사사였던 에훗이 죽은 뒤에 이스라엘 자손이 또 여호와의 목전에 악을 행하므로 하나님은 하솔에서 통치하는 가나안 왕인 야빈의 손에 이스라엘 자손을 파셨다고 한다. 그의 군대 장관은 시스라였다. 야빈 왕은 이스라엘 자손을 이십 년 동안 학대하였고, 이로 인해 이스라엘 자손은 주님을 찾게 되면서 하나님은 여선지자 드보라와 아비노암의 아들 바락을 부르사 이스라엘 백성들을 구원해 내시는데, 재미있는 두 가지 사실이 있다. 첫째는, 이들이 싸운 장소는 '다볼산(Mt.Tabor)'이 있는 이스르엘 골짜기에 위치한 '다볼 평야'이고 둘째는, 이들을 구원해 내는 통로가 바로 '여인의 손'을 통해서 이루어지게 하신다는 것이다 (삿4:9). 시스라 군대 장관은 철 병거 구백 대와 자기와 함께 있는 모든 백성을 '기손강'으로 모으고 있었고 이스라엘은 납달리 자손과 스불론 자손 만 명을 거느리고 다볼산에 위치해 있었다. 결국, 전쟁에 능하신 하나님께서 시스라와 그의 모든 병거와 그의 온 군대를 칼날로 혼란에 빠지게 함으로 시스라는 헤벨의 아내 야엘이 머무는 장막 안으로 도망치게 되었다.

참으로 우리가 섬기는 하나님은 '전쟁에 능하신 하나님'이시다 (삿4:14-16).

"어떻게 철 병거 구백 대를 가진 최정예 부대를 아직은 훈련이 덜 된 이스라엘 부대가 이길 수 있었을까?"

"하나님이 이기게 하신다고 약속하셨고, 그 말씀을 믿음으로 취해서 나아갔기 때문일까?"

"물론이다!"

하나님께서 이미 전략을 말씀해 주셨고, 야빈의 군대 장관 시스라와 그의 병거들과 무리들을 넘겨 주신다고 하셨기에 아비노암의 아들 바락은 만 명을 거느리고 나아가서 이들을 물리친 것이다 (삿4:6-7).

그런데 여기서 재미있는 사실이 있다!

"어차피 이기는 전쟁인데, 하나님은 왜 굳이 '기손강'에서 전투를 하게 했을까?"

"기손 강은 그 무리를 표류시켰으니 이 기손 강은 옛 강이라 내 영혼아 네가 힘 있는 자를 밟았도다" (삿5:21)

이 말씀을 보면 이들이 싸운 장소는 기손강이었는데, 이때 기손강이 범람함으로 이스르엘 평지는 물바다가 되었다. 이스르엘 평지에 있는 땅의 흙은 퇴적토라서 물이 범람하게 되면 말 그대로 바퀴가 있는 철병거는 꼼짝달싹 못하는 장신구에 불과하게 된다. 다시 말해, 하나님은 이스르엘 평지라는 '지리'와 그 땅의 '토양' 그리고 '날씨'을 통해 전쟁에 능하신 하나님이심을 보여주신 대표적인 사건이 된 것이다. 하나님은 전쟁에 능하시지만, 우리가 가진 순종과 약속의 말씀뿐만 아니라, 거기에 더해 이스라엘의 '지리적인 상황'과 '부족들 간의 관계' 그리고 '날씨와 기후 변화'를 통해 하나님만이 참된 신이며 통치자임을 드러나게 하시는 경우가 얼마나 많은가? 하나님은 시스라와 그의 모든 병거와 그의 온 군대를 칼날로 혼란에 빠지게 하셨고, 시스라는 병거에서 내려 도망을 치게 되었다 (삿4:15).

아.뿔.싸!

　　겨우 도망을 쳐서 목숨을 부지했는가 싶었는데, 시스라가 걸어서 도망을 친 곳이 하필 겐 사람 헤벨의 아내 야엘의 장막이 되었다. 왜냐하면, 하솔 왕 야빈과 겐 사람 헤벨의 집 사이에는 화평이 있었기에 그는 의심하지 않고 야엘의 장막에 들어가 몸을 숨기려고 했던 것이다.

"시스라가 걸어서 도망하여 겐 사람 헤벨의 아내 야엘의 장막에 이르렀으니 이는 하솔 왕 야빈과 겐 사람 헤벨의 집 사이에는 화평이 있음이라. 야엘이 나가 시스라를 영접하며 그에게 말하되 나의 주여 들어오소서 내게로 들어오시고 두려워하지 마소서 하매 그가 그 장막에 들어가니 야엘이 이불로 그를 덮으니라" (삿4:17-18)

"그런데 이것이 그의 마지막이었다!"

　　헤벨의 아내 야엘이 목이 마른 시스라에게 우유 부대를 열어서 먹이고, 깊이 잠든 틈을 타서 장막 말뚝으로 그의 관자놀이를 찍어 땅에 박아 죽였기 때문이다.

"그가 깊이 잠드니 헤벨의 아내 야엘이 장막 말뚝을 가지고 손에 방망이를 들고 그에게로 가만히 가서 말뚝을 그의 관자놀이에 박으매 말뚝이 꿰뚫고 땅에 박히니 그가 기절하여 죽으니라" (삿4:21)

　　이스라엘 벤구리온 대학교(네게브 소재)에서 '현대 이스라엘 역사'을 공부할 때 네게브(주: 남방 지역)에 있는 '베두인 마을'에 견학을 간 적이 있었다. 그들은

'유목민'으로 떠돌아 다니며 지내는데, 그들이 머물고 있는 장막에서 차를 마시고, 손님을 대접하는 문화를 경험하면서 장막에 거주하고 있는 유목민의 삶을 눈으로 본 적이 있었다. 그 장면을 보면서 나는 헤벨의 아내 야엘이 이런 삶을 살았을 거라 상상이 되었다. 유목민의 삶은 계절을 따라 짐승들을 키우기에 적합한 곳으로 이동하며 살아간다. 흔히 '이동 텐트'라고 불리는 장막 생활을 하면서 자녀들을 키우는데 그 험난한 세월의 흔적을 보여주는 묵직한 손 모양과 주름살, 매서운 눈빛과 햇빛 속에 노동을 하며 검게 그을린 그들의 피부는 감히 나 자신이 상상할 수 없는 삶의 내공을 보여주는 듯했다. 유목민의 삶은 늘 옮겨 다녀야 했고, 장막에 있는 말뚝을 박아야 했기에 야엘이 시스라의 관자놀이를 말뚝으로 박아 땅에 박히게 한 사건은 그리 놀랍지가 않았다. 이러한 야엘이라는 이름은 유대인들에게 있어서 무척이나 호감을 주고, 이스라엘에 승리를 안긴 복된 이름이 되어서, 누군가 "당신 아내의 이름은 무엇입니까?" 하고 물으면 나는 주저 없이 '야엘입니다' 하고 대답을 하였다. 복음을 나눈 많은 유대인들이 야엘이라는 이름을 들으며 이스라엘 백성을 구원하시고 건지신 놀라운 주님을 경험했을 것이다. 오죽하면 드보라와 바락이 노래한 사사기 5장에는 다음과 같은 말씀이 있겠는가.

"겐 사람 헤벨의 아내 야엘은 다른 여인들보다 복을 받을 것이니 장막에 있는 여인들보다 더욱 복을 받을 것이로다" (삿5:24)

겐 사람 헤벨의 아내 야엘은 다른 여인들보다 복을 받게 될 것이라 했는데, 드보라의 축복대로 우상 숭배가 극에 달했던 아합 시대에 예후가 아합 집안을 죽이고 종교개혁을 일으켰을 때 함께 동역을 했던 사람이 여호나답 즉 '요나답'이 바로 '겐 사람'이기 때문이다 (왕하10:15-17). 이러한 선조 요나답의 유언대로 평생 포도주를 마시지 않고, 집도 짓지 않고, 파종도 하지 않으며,

포도원을 소유하지 않고 평생 장막에 살며 주님을 섬겼던 후손들이 바로 요나답의 후손 '레갑의 자손들'이다 (대상2:55).

"내가 레갑 사람들의 후손들 앞에 포도주가 가득한 종지와 술잔을 놓고 마시라 권하매 그들이 이르되 우리는 포도주를 마시지 아니하겠노라. 레갑의 아들 우리 선조 요나답이 우리에게 명령하여 이르기를 너희와 너희 자손은 영원히 포도주를 마시지 말며, 너희가 집도 짓지 말며 파종도 하지 말며 포도원을 소유하지도 말고 너희는 평생 동안 장막에 살아라. 그리하면 너희가 머물러 사는 땅에서 너희 생명이 길리라 하였으므로 우리가 레갑의 아들 우리 선조 요나답이 우리에게 명령한 모든 말을 순종하여 우리와 우리 아내와 자녀가 평생 동안 포도주를 마시지 아니하며 살 집도 짓지 아니하며 포도원이나 밭이나 종자도 가지지 아니하고, 장막에 살면서 우리 선조 요나답이 우리에게 명령한 대로 다 지켜 행하였노라" (렘35:5-10)

바벨론 왕 느부갓네살이 예루살렘을 쳐들어와서 유대인들을 포로로 잡아 갈 때에도 레갑 자손들은 그 땅에 머물도록 허락을 받았고, 더욱이 포로에서 돌아와 성전을 재건할 때도 예루살렘의 남쪽 분문을 수리하기도 하였다.

"분문은 벧학게렘 지방을 다스리는 레갑의 아들 말기야가 중수하여 문을 세우며 문짝을 달고 자물쇠와 빗장을 갖추었고" (느3:14)

여기서 언급된 '벧학게렘'의 뜻은 히브리어로 '포도원의 집'이라는 뜻으로, 오늘날 가장 유력한 장소로 언급되는 곳이 '라맛라헬'이라는 곳이며 레갑 자손의 후손들이 살았던 곳이다. 예루살렘과 베들레헴까지의 거리가 대략

10km 정도인데, 그 중간 지점에 해당이 되는 곳이다. 예수님께서 베들레헴에서 탄생하실 때 가장 먼저 그 기쁜 소식을 들었던 양을 치는 목자들이 바로 레갑 자손들일 가능성이 있다. 조상 대대로 하나님의 말씀에 순종하며, 이 세상의 부귀영화에 눈과 마음을 빼앗기지 않고 올곧게 주님 오실 길을 준비하며 살았던 이들에게 하나님은 '메시야'를 가장 먼저 맞이할 수 있었던 축복을 주신 것이다.

"그러므로 만군의 여호와 이스라엘의 하나님께서 이와 같이 말씀하시니라. 레갑의 아들 요나답에게서 내 앞에 설 사람이 영원히 끊어지지 아니하리라 하시니라" (렘35:19)

지금 이 시대에 하나님은 '레갑의 후예'을 찾으신다. 어떠한 상황과 환경에서도 '하나님의 소리'를 듣고 반응하는 사람을 찾으신다! 먹고 사는 문제로 넘어지기도 하고, 유혹을 받아 실수를 하였다 할지라도 다시 주의 긍휼을 구하며 엎드리는 사람을 찾으신다! 이 땅에 지금도 수 많은 사람들이 자기가 원하는 '바알(주: 남편, 주인)'을 섬기는 시대지만, 오직 주님께만 무릎을 꿇고 바알에게 무릎을 꿇지 않은 '칠천 명의 용사'를 하나님은 찾고 계신다.

"하나님의 소리를 듣고 움직이는 당신이 바로 레갑의 후예이다"

"성령의 인도하심에 순종하며 한 걸음 내딛는 당신이 바로 레갑의 후예이다"

"넘어졌다 할지라도 주님께 엎드리는 당신이 바로 레갑의 후예이다"

"실수하고 죄를 지어 볼 면목이 없다 할지라도 주의 긍휼을 힘입어 하나님께

손을 드는 당신이 레갑의 후예이다"

"두려움과 나 자신의 연약함에 짓눌려 아프지만, 벼랑 끝에 서서 하나님의 도우심만 구하는 당신이 바로 레갑의 후예이다"

"무너진 제단을 다시 쌓아, 교회 안에 하나님의 영광이 다시 임하고 성령의 폭포수 같은 기름부음이 흘러가기를 매일 마다 사모하는 당신이 바로 레갑의 후예이다"

"하나님은 당신을 레갑의 후예로 부르고 계신다!!"

아멘.